인스타그램
마케팅
자동화

인스타그램 마케팅 자동화

손힘찬 노희석 장현수 황준연 임형순 이홍규 박가원 지음

비책

프롤로그

우리는 지금 인공지능의 발달로 인류문명을 혁신하고 있는 격변의 시대를 살고 있다. 이러한 대변화를 당장 눈앞의 일상에서 체감하기는 어렵지만, 구글이나 메타 등 거대 기업에서 대규모 인력 감축을 시행하고 있으며, 실제 구글은 AI 사업에 집중하기 위해 1만 5천 명을 정리해고했다. 국내에서도 국민은행의 협력업체가 AI, 챗봇 등 활용으로 인해 고객센터 활용도가 줄어서 240명을 감원하겠다고 이미 발표한 바가 있다.

과연 이것이 시사하는 것은 무엇일까? 우리의 노동 가치가 감가상각이 되고 있다는 뜻이다. 점점 가치가 떨어지고, 그 격차는 벌어질 수밖에 없다는 것이다. AI와 사랑에 빠진 남자의 이야기를 다룬 영화 〈Her〉가 있다. 편지 대필 작가인 '테오도르'는 타인의 감정을 다루고 타인의 마음을 전하는 일을 하지만, 정작 자신은 아내와 별거 중인 채 외롭기만 하다. 그러던 중 인공지능 운영체제인 '사만다'를 만나 교감을 나누며 그녀에게 사랑의 감정을 느낀다.

이 영화를 안 봤거나 인공지능에 대해 잘 모르는 독자님은 이게 무슨 미친 것이냐 싶을 수 있다. 하지만 이미 오픈AI에서 출시한 챗GPT는 인간과 대화할 수 있을 정도로 자연스러워졌고, 언어형 모델의 텍스트 기반의 한계를 넘어서려 하고 있다. 오픈AI의 CTO 미라 무라티(Mira Murati)는 2024년 5월 13일, 새로운 모델인 GPT-4o를 공개했다. GPT-4o에서 'o'는 'omni(모든)'에서 따왔는데, 하나의 모델 안에 다 있으며 '모든 것'을 할 수 있다는 의미이다.

즉 음성, 텍스트, 이미지, 영성 등의 기능을 하나의 모델 안에 다 넣어서 폭넓게 활용할 수 있다. GPT-4o는 50가지 언어로 대화할 수 있으며, 오디오 프롬프트 반응 속도는 약 0.32초로, 인간의 대화 반응 속도와 거의 비슷한 수준이다. 앞으로 영화 〈Her〉의 이야기가 실제 일상으로 되는 건 시간문제다. 사람을 닮은 인공지능이 이미 탄생 됐고, 앞으로 변할 세상에 비하면 이 변화는 작지만 거대한 바람을 불러올 것이다.

분명 이 책을 펼쳤는데, 구구절절 이 내용이 뭔가 싶을 것이다. 이 책을 읽기로 마음먹은 독자님은 받아들일 준비가 됐거나, 이미 알고 있는 사실이라 생각하고 집필한 내용이다. 지금 이 세상은 인공지능의 기술 변화로 인한 변곡점을 맞이하고 있다. GPT-4o는 수학 문제를 카메라로 인식하고 풀이 과정을 알려준다. 번역과 논리적 추론은 말할 것도 없다.

그럼 우린 무엇부터 알아야 할까. 크게 3가지를 말할 수 있다.

첫째, 당신이 일하는 직무가 무엇이 됐든 '자동화'가 빠질 수 없다. 그 직무가 단순 작업이라면 더욱 그렇다. 프롬프트 입력만 해도 당신이 하려는 그 일은 인공지능이 순식간에 끝내버릴 수 있다. 즉 좋든 싫든 당신이 인공지능으로 인해 노동이 대체되는 쪽이 아닌 활용해야 하는 쪽에 있어야 함을 시사한다.

둘째, 내가 지식창업 계열의 1인 기업가 혹은 자영업자 사장님이라면 자동화는 선택이 아니라 필수다. 사장은 해야 할 일이 많다. 실무뿐만 아니라 세무, 노무, 마케팅, 영업, 미팅 외에도 행정 업무까지 다하면 사장은 출퇴근이 자유로운 것처럼 보이지만, 직원과 달리 업무로부터의 자유도는 적은 편이라 볼 수 있다. 시간이 곧 매출로 직결되는 사장의 노동력을 반복 업무로 소진하다 보면, 결국 지칠 수밖에 없다. 따라서 자동화할 수 있는 건 모두 하는 게 맞다.

마지막 셋째, 비용 절감과 시간 절약을 통해 당신은 고부가가치의 업무와 상품 개발에 힘써야 한다. 인공지능 기술의 발전으로 비효율적인 것을 대체한다는 건, 점점 인간의 기존 노동에 대한 입지가 좁아짐과 동시에 새로운 틈새시장을 발굴하고, 높은 가치를 창출할 수 있는 기회다. 자동화를 하고 남는 시간에 고부가가치의 콘텐츠와 제품 개발을 위해 시간을 할애해야 한다.

소상공인에게 있어 높은 가치의 아이템이란 시간적 여유에서 올 수 있다. 당장 하루하루 먹고살기 바쁜데 어찌 좋은 아이디어를 낼 수 있겠는가. 자동화를 하지 않으면 결국 사장의 체력은 지쳐서 최악의 상황은 사업을 영위할 수 없는 지경까지 갈 수 있다.

하지만 걱정하지 말길 바란다. 마케팅 자동화에 대한 입문 단계에 있다면, 이 책은 훌륭한 지침서가 될 것이다. 기초부터 하나씩 다루고 있으며, 그 누가 읽어도 적용할 수 있도록 상세하고 쉽게 내용을 풀어가고 있으니 말이다. 책의 초반 부분에 나오는 인공지능 관련 이야기도 크게 걱정하지 않아도 된다.

어느 날 갑자기 하루아침에 인공지능이 뛰어난 성능을 가지고 있을 가능성은 아주 낮다. 그러나 현재 다양한 분야에서 활용되며 꾸준한 성장세를 보이고 있으며, 분명 5년, 10년이 지나면 세상은 상당히 달라져 있을 것이다. 물론 여전히 인공지능에 대한 한계는 있겠지만, 이 부분은 넘어가도록 하자.

중요한 건 감가상각이 이루어지고 있는 노동 중 대체할 수 있는 건 과감히 대체하자. 오직 인간만이 할 수 있는 걸 하면 된다. 그것은 곧 당신만이 해낼 수 있는 무언가를 뜻한다.

손힘찬(오가타 마리토) 작가

PART 3

AI 시대, 빅데이터와
알고리즘 역이용법 [임형순]

PART 4

온라인 마케팅과 오프라인 매출
함께 잡는 법 [이홍규]

PART 5
당신의 운명은
퍼널마케팅이 결정한다 [황준연]

PART 6
마케팅 자동화로 비즈니스를
성장시키는 법 [손힘찬(오가타 마리토)]

부록

인스타그램의
다양한 기능과 사용법 [박가원]

PART

1

퍼널 마케팅의
중요성과 이해

── 장현수 ──

필명 '장피디'
現) 마케팅코드 대표 *종합광고대행사 *로컬마케팅
現) 블리스의원 마케팅 총괄 *피부과, 성형외과, 산부인과

장피디 인스타그램

장피디 스레드

뼛속까지 마케터인 ENTP 열정男. 취미는 책 읽기, 특기는 콘텐츠 제작이다. 가장 보람을 느끼는 것은 오래도록 사랑받는 브랜딩 스토리 만들기. 소상공인들의 로컬마케팅을 활성화시켜 지속 가능한 매출 성장을 만드는 방법을 연구하고 가르치며 현장에서 고군분투 중이다.

장피디 블로그

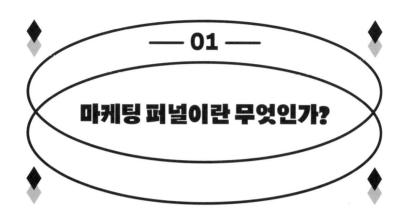

— 01 —

마케팅 퍼널이란 무엇인가?

***

'마케팅 퍼널(Marketing Funnel)'이란 단어가 단연 화두다. 2023년 강세를 보이기 시작해 현재까지 업계의 많은 강사가 이 용어를 사용하고 있다. 특히 러셀 브런스(Russell Brunson)의 책《마케팅 설계자》가 화제가 되면서 많은 사람이 구매하는 등 일대 파란을 일으켰다.

그런데 중요한 것은, 많이 들어본 단어이고 트렌드 일지라도 실제 나의 비즈니스에 적용하여 '비즈니스 툴'로 사용하는 것은 또 다른 문제이다. 우선 '마케팅 퍼널' 용어를 정확하게 이해하기 위해서 단어를 분절하여 이해해보자.

(어떤 용어의 개념의 범위가 넓거나 다소 추상적으로 느껴진다면, 그 용어의 목적에 관한 질문을 통해서 근본적인 이해를 할 수 있다.)

1) 마케팅 퍼널의 등장과 그 중요성

먼저 마케팅(Marketing)의 사전적 정의는 '생산자가 상품 또는 서비스를 소비자들에게 유통시키는 데 필요한 모든 체계적인 경영활동'이다. 그럼 '마케팅의 목적'을 한 단어로 표현하면 무엇일까? 모든 마케팅 활동의 최종 목표는 매출이다. 고객이 우리 제품과 서비스를 구매하고, 지속해서 우리 브랜드를 경험하도록 유도하는 모든 활동이 바로 마케팅이다.

퍼널(Funnel)은 '깔때기'라는 뜻이다. 윗부분은 넓고 아랫부분은 좁은 원뿔 모양의 도구를 본 적이 있을 것이다. 과학 실험에서 한 용기에서 다른 용기로 액체를 옮길 때 사용하는 도구인데, 액체의 흐름을 제어할 때 유리하게 만드는 게 목적이다.

그렇다면 왜 '퍼널'이라는 단어를 마케팅과 결합하여 사용하게 되었을까? '마케팅 퍼널'의 목적은 신규 고객 유치와 유지를 위한 마케팅 전략에서 매출이 왜 발생하는지 분석하고 이해를 하기 위함이다. 이는 잠재 고객이 유입되어 구매까지 진행되는 일정한 단계와 경로가 있다는 것을 전제로 만들어진 개념이다.

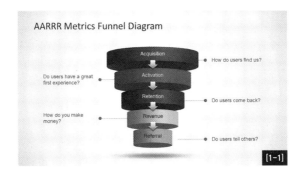

[1-1]을 보면, 퍼널 과정에서 각 단계가 전환될수록 최초 유입된 이용자의 수가 줄어드는 것을 볼 수 있다. 마케팅 퍼널의 궁극적인 목표는 '잠재 고객'이 퍼널의 과정을 따라가게 하면서 그 잠재 고객을 '구매 고객'으로 만들고, 더 나아가 '충성고객'으로 만들기 위함이다.

산업이나 세부 분야별로 비즈니스 특성이 달라서 퍼널의 단계도 달라질 수 있다. 중요한 것은 각 단계를 기록하고 마케팅 활동을 피드백하는 '퍼널 분석(Funnel Analysis)'이다.

내가 마케팅 대행을 하고 있는 유튜브 채널 분석 인사이트를 첨부하여 부연 설명을 하겠다. [1-2], [1-3]을 보면, 내 유튜브 콘텐츠의 데이터를 깔때기 모식도로 분석할 수 있음을 알 수 있다. 또 노출수 지표를 통해 내 콘텐츠가 얼마나 노출되고 있는가와 조회수 지표를 통해 노출된 콘텐츠를 얼마나 클릭하였는지를 파악할 수 있다. 또한, 평균 시청 지속 시간을 통해 내 콘텐츠의 소비자 반응도를 측정할 수 있다.

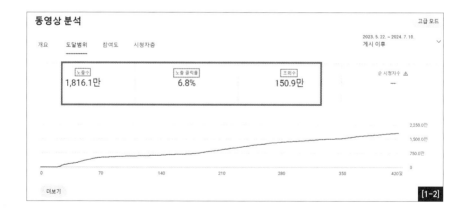

시청자가 이 동영상을 찾는 방법
조회수 · 게시 이후

트래픽 소스

탐색 기능	53.6%
추천 동영상	29.6%
YouTube 검색	15.7%
직접 입력 또는 알 수 없음	0.5%
기타 YouTube 기능	0.2%
기타	0.4%

노출수 및 노출수가 시청 시간에 미치는 영향
데이터 사용 가능 기간: 2023. 5. 22. ~ 2024. 7. 9.(415일)

노출수
1,815.1만
YouTube에서 추천한 내 콘텐츠에서 82.4% 발생 ⓘ

클릭률: 6.8%

노출에서 발생한 조회수
123.4만

2:22 평균 시청 지속 시간

노출에서 발생한 시청 시간(시간)
4.9만

[1-3]

즉 '노출수, 노출 클릭률, 조회수, 평균 시청 지속 시간'의 데이터를 통해 내 유튜브 콘텐츠의 시청 반응도를 분석해서 '유튜브 마케팅 퍼널'을 더 견고하고, 고도화할 수 있다.

2) 마케팅 퍼널의 변천사

마케팅 퍼널의 변천사를 살펴보겠다. [1-4]를 보면 다양한 마케팅 퍼널의 구조가 존재하지만, '주목, 흥미, 고려, 구매'의 키워드는 변함없이 반복되고 있음을 알 수 있다.

마케팅 퍼널의 변천사

AIDA 모델	주목 (Attention) → 흥미 (Interest) → 욕구 (Desire) → 행동 (Action)
AIDMA 모델	주목 (Attention) → 흥미 (Interest) → 욕구 (Desire) → 기억 (Memory) → 행동 (Action)
AISAS 모델	주목 (Attention) → 흥미 (Interest) → 검색 (Search) → 행동 (Action) → 공유 (Share)
AARRR 모델	획득 (Acquisition) → 활성화 (Activation) → 유지 (Retention) → 수익 (Revenue) → 공유 (Referral)

@STORYTELLER_34NCPD

[1-4]

1898년 E.S 루이스가 제시한 [AIDA] 모델은 [주목(Attention) → 흥미(Interest) → 욕구(Desire) → 행동(Action)]으로 마케팅 퍼널을 나누었다. 1920년대 미국의 클렌드 홀이 제시한 [AIDMA] 모델은 욕망과 행동 사이에 '기억'하는 단계를 추가해 [주목 → 흥미 → 욕구 → 기억(Memory) → 행동]으로 구성되었다.

2000년대 일본 광고대행사 덴츠가 제시한 [AISAS] 모델은 [주목 → 흥미 → 검색(Search) → 행동 → 공유(Share)]로 구성되었다. 인터넷의 발달로 웹 검색이 보편화 되면서 의사결정이나 공유 활동에 많은 영향을 미쳤음을 알 수 있다.

그런데 데이브 맥클루어(Dave McClure)가 만든 [AARRR] 모델은 '잠재 고객'의 세부적인 활동에 더 주목하여 [획득(Acquisition) → 활성화(Activaion) → 유지(Retention) → 수익(Revenue) → 추천(Refrral)]으로 구성되었다.

특히 온라인 콘텐츠 비즈니스 모델에 적용하기 아주 적합한 모델이라고 여겨진다. 실제로 내 비즈니스에 해당 개념을 적용할 때는 유연한 사고로 일부 단계를 수정하거나 순서를 바꾸거나 새로운 단계를 추가할 수도 있다.

3) AARRR 마케팅 퍼널 전략

[1-5]를 참조하면서 [AARRR] 모델을 좀더 자세히 설명하겠다.

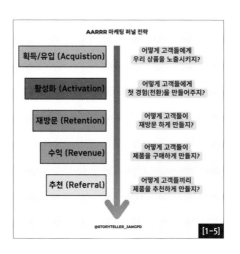

1단계 [획득]은 잠재 고객들이 우리 상품을 어떻게 찾고 있는지, 우리 브랜드의 노출에 주목하고 있다. **2단계 [활성화]**는 잠재 고객들이 우리 콘텐츠를 경험하고 긍정적인 경험을 하였는지에 주목하여 '초기 활성도'를 체크한다. **3단계 [유지]**는 지속해서 우리 브랜드에 관심을 갖고 방문을 하는지에 주목한다. **4단계 [수익]**은 말 그대로 '수익' 실현에 대한 부분을, **5단계 [추천]**은 주변 사람에게 '소개'하는 것에 주목한다.

그러면 [AAARR] 마케팅 퍼널 전략을 실무에 적용해보겠다. 마케팅 프로젝트의 목표는 사용자를 인스타그램에서 외부 홈페이지로 유도하고 결제를 완료하는 것으로 가정하겠다. **(*각 단계 실행 전략)**.

다시 한번 강조하지만, 마케팅 퍼널의 주요 목표는 데이터를 기반으로 후속 전략 조정과 실행을 통해 실시간으로 변화하는 잠재 고객의 니즈를 빠르게 충족시켜 지속적으로 마케팅 접근 방식에 변화를 주는 것이다.

A. 고객 확보 [Acquisition] 단계

목적: '잠재 고객' 확보를 위해 인스타그램 광고를 활용하여 브랜드 '인지도'를 향상시키기

① 관련성이 높은 잠재 고객에게 도달하기 위한 인스타그램 광고를 실행할 것 (*타겟팅 옵션 활용)

② 호기심 유발을 목적으로 매력적인 비주얼과 캡션을 사용하여 관심을 끌 것 (*릴스 콘텐츠)

③ 웹사이트(랜딩페이지) 클릭 수 증가 같은 구체적인 목표를 달성하기 위해 웹사이트 방문을 유도하는 매력적인 CTA를 포함할 것

④ 우리 브랜드 가치에 부합하는 인플루언서와 협업하여 광고 노출 시 인지도를 향상시킬 것

B. 활성화 [Activation] 단계

목적 : 인스타그램 방문자를 활성화시키기

① 외부 홈페이지로 연결되는 닝크 설정 및 인스타그램 프로필을 최적화할 것

② 브랜드를 인지시키고 잠재 고객이 더 자세히 탐색하도록 유도하는 자기소개를 작성할 것

③ 스토리 & 하이라이트를 사용하여 제품/서비스나 핵심 메

시지를 소개할 것 **(*카테고리화)**

④ 설문 조사, 퀴즈, 질문 기능을 활용하여 잠재 고객의 참여를 극대화시킬 것

⑤ Q&A 콘텐츠를 참여하게 하여 고객 문의를 사전에 해결하고 콘텐츠에 적용시킬 것

C. 유지 [Retention] 단계
목적 : 지속적으로 인스타그램 방문을 유도하기

① 흥미롭고 일관성 있는 게시물을 업로드, 콘텐츠 스토리라인, 로드맵을 작성할 것

② 비하인드 스토리, 제품/서비스 시연, 고객 후기(리뷰)를 인스타그램 스토리 콘첸츠로 활용할 것

③ 브랜드와의 유대감(친근감)을 형성하는 콘텐츠를 구현할 것 **(*고객 참여 콘텐츠 유용)**

④ 당첨자 발표를 스토리에 공유하여 지속적인 참여를 유도할 것

D. 수익 창출 [Revenue] 단계
목적 : 인스타그램에서 웹사이트로 트래픽을 유도하여 매출 발생시키기

① 게시물과 스토리에서 제품/서비스를 자연스럽게 홍보할 것

② 곧 출시될 제품이나 한정 혜택을 제시하여 기대감을 불러일으킬 것

③ 게시물 연동 직접 링크를 통해 다양한 제품의 상세페이지

로 유도할 것

④ CTA기 명확한 인스타그램 광고를 진행할 것 (*지금 구매하기, 자세히 알아보기 문구 포함)

⑤ 독점 할인 또는 기간 한정 혜택을 제공할 것 (*실시간 마감 데이터 활용 하이라이트)

E. 추천 [Referral] 단계
목적 : 잠재 고객들의 참여 콘텐츠 캠페인 활성화시키기

① 브랜드 해시태그 사용 및 참여 캠페인으로 고객이 콘텐츠를 공유하도록 유도할 것

② 고객 참여 콘테스트 또는 경품을 진행하여 공유를 적극적으로 활성화 시킬 것

③ 인플루언서 마케팅을 병행하여 신뢰와 공신력을 배가할 것

④ 친구를 추천하는 방식으로 고객에게 보상을 제공하는 추천 프로그램 제도를 활용할 것

＊＊＊＊＊

중요한 것은 각 단계의 데이터를 통합하고 측정하여, 마케팅 퍼널을 개선시키는 과정을 전략적으로 수행해야 한다. 데이터를 기반으로 마케팅 전략을 고도화시키는 게 핵심이다. 인스타그램 인사이트 데이터를 정기적으로 모니터링하면서 콘텐츠와 캠페인의 성과를 피드백한다. 특히 '웹사이트 클릭 수, 참여율과 전환 지

표'를 기록하고 분석하여 다음 광고에 반영한다.

또한, A/B 테스트를 광고 캡션과 프로모션 전략에 적용한다. 가장 실적이 좋은 요소를 기반으로 최적화를 진행한다(그로스 마케팅/Groeth Marketing). 또는 웹사이트를 방문했지만, 구매를 완료하지 않은 사용자를 대상으로 리타게팅 광고(Retargeting Advertising/재방문 유도)를 진행한다. 페이스북 픽셀이나 구글 애널리틱스 도구를 활용하여 사용자의 행동을 추적할 수도 있다.

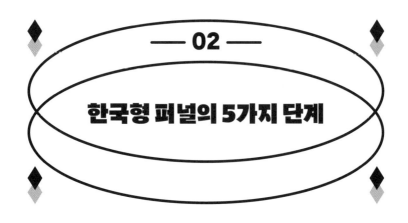

— 02 —
한국형 퍼널의 5가지 단계

* * *

마케팅 퍼널의 중요성은, 앞에서 언급한 내용으로 충분히 인지했을 것이다. 이어서 국내 시장에 최적화된 '한국형 마케팅 퍼널'을 이야기하겠다. 그렇다면 왜 한국형 마케팅 퍼널이 필요할까? 한국 소비자들의 3가지 특징을 통해 그 이유를 설명하겠다.

1) 한국 소비자들의 3가지 특징

<u>첫 번째, 한국 소비자들의 고도의 디지털화다.</u> 빠른 인터넷 속도와 온라인 콘텐츠 사용도 시간이 매우 높다. 대부분의 소비자들이 온라인 쇼핑, 소셜 미디어 활동 시간을 보내기 때문에 나의 브랜드를 온라인에 노출시키는 것이 매우 중요하다.

<u>두 번째, 입소문의 힘이 강력하다.</u> 한국 소비자들은 보여주는 소비 지향성이 있고 사회화된 소비 패턴을 가지고 있다. 타인이 먼저 체험하고 좋다고 판단하면 그 경험에 대한 가치를 높게 부여하

며 나의 소비 근거로 활용한다. 특히, 오프라인에서 매장을 운영하는 경우에는 이를 주의 깊게 여겨야 한다.

세 번째, 소비 트렌드에 민감하다. 요즘 유행하는 것들에 깊은 관심이 있다. 꼭 지인이 아니더라도 온라인에서 많은 사람들이 체험하고 선호하는 정보들이 대해서 호기심을 느끼고 잠재의식에 소비 욕구가 생긴다. 주로 이런 트렌드를 파악하는 커뮤니티 공간들이 존재한다.

한국형 마케팅 퍼널에서 가장 중요한 3가지 포인트를 정리하면, 디지털 채널 최적화가 중요하다는 것, 입소문의 포인트를 정확히 만들어야 한다는 것, 나의 업종에 대한 트렌드한 정보들이 위치하는 곳을 파악하고 지속적으로 업로드 하는 것이다.

실제로 내가 병원 마케팅 컨설팅을 진행할 때 병원의 트래픽 데이터 피드백 시스템 구축의 첫 단계에 사용하는 내용을 예시로 설명하겠다. [1-6]의 '내원경로 설문지'를 통해서 퍼널 마케팅 전략의 '세분화/고도화'가 가능하다.

XX성형외과 내원경로 설문지

A. 개인정보 / 내원날짜

B. XX성형외과를 알게 된 경로
1) 온라인 2) 오프라인 3) 지인소개(입소문)

C. 공통·중복 체크 가능
1) 본원(XX성형외과)를 방문하기로 결심한 이유
☐전후사진, 전후영상 등 수술 사례가 많았기때문에
☐본원 블로그, 카페 포스팅에 성형관련 유용한 정보가 많았기 때문에
☐성형카페, 어플에 후기가 좋았기 때문에
☐성형카페, 어플에 본원을 추천하는 글이 많았기 때문에
☐유튜브에 유용한 정보가 있었기 때문에
☐SNS(인스타그램, 페이스북)의 광고에서 호기심을 느껴서
☐지인이 추천을 해주어서

2) 예약경로
☐전화 ☐홈페이지 예약 ☐카카오톡 채널 ☐네이버 예약
☐성형어플 ☐직접방문 ☐당근예약

D. 내원경로 온라인/오프라인을 선택하신 분
1) 인터넷 검색
☐네이버 ☐구글 ☐다음(카카오) / 검색 키워드 : _____

2) 내원 참고 매체
☐홈페이지 ☐블로그 ☐공식 카페 ☐지식인 ☐뉴스기사

3) 성형 어플
☐바비톡 ☐강남언니 ☐굿닥 ☐기타 (   )

4) 성형 카페
☐여우야 ☐성예사 ☐성형위키백과 ☐여생남정 ☐기타(   )

5) SNS
☐인스타그램 ☐페이스북 ☐쓰레드 ☐기타(   )

6) 영상 매체
☐유튜브 ☐네이버TV ☐카카오TV ☐TV방송 ☐인터넷방송

7) 기타 매체
□신문/잡지 □간판 □버스/지하철 □입소문 □기타( )

E. 내원경로 지인소개를 선택하신 분
1) 지인소개 내원경로
□ XX 성형외과 환자 소개 (고객명:)
□ XX 성형외과 직원 소개 (직원명:)
□ 타 병원 소개 (병원명:)
□ 지인 동행 내원 (고객명:)
□ 입소문 (소개자 이름 모름)

2) 소개자 분이 XX성형외과를 추천한 이유는 무엇인가요?
□만족스러운 결과
□합리적인 가격
□사후관리
□친절한 직원
□체계적인 의료 서비스
□기타( )

[1-6]

내원경로 설문지는 다양한 업종에 적용할 수 있다. 큰 기준으로 '온라인'과 '지인 소개'로 나눈 것을 볼 수 있으며, 각 영역에서 세부적인 요소들을 관찰할 수 있다. 중요한 것은 최종적으로 환자가 내원하기 전까지 과정에서 다양한 요소들의 각각의 기여도를 파악하는 것이다.

예를 들면, 거상수술을 받은 지인의 **[만족스러운 결과]** 추천으로 병원에 대한 최초 인지를 하였으나, 본인은 **[합리적인 가격]**이 가장 중요하다고 판단을 하여 네이버 카페에 검색하여 거상수술의 시세를 파악한다.

그 과정에서 해당 병원을 2차 인지하여 약간의 신뢰도가 상승한다. 해당 수술에 대한 폭넓은 정보를 얻고자 유튜브에 검색하고, 최종적으로는 네이버에 해당 병원을 검색하여 의사의 철학과 시술 과정에 대한 상세한 내용 확인 후 시술을 결정하고, 홈페이지 예약을 통해 내원하게 된다.

이렇게 외부 고객이 내부에 유입되는 모든 과정을 파악하고 기록하여 누적된 데이터를 분석하면 트래픽 관리를 더 용이하게 하며, 마케팅 콘텐츠에 대한 지속적인 업그레이드가 가능하다. **다시 한번 강조하지만, 마케팅 퍼널에서 가장 중요한 것은 트래픽에 대한 기록과 분석이다.**

사실 마케팅 인력을 아웃소싱(Outsourcing)할 수 없는 1인 기업이나 소상공인이라면 마케팅 퍼널 설계는 더욱 필수적이다. 대표로서, 또 운영자나 실무자로서 마케팅 콘텐츠의 기획부터 제작과 발행까지 다 해야 하므로 시간과 자본의 한계에 부딪힐 수밖에 없다.

내가 집중해야 할 잠재고객에게 나의 메시지를 도달하기 위한 경로를 명확하게 구성해야 하며, 이런 행위들이 실제 결과에 반영되는지를 계속 파악해서 마케팅 실무를 진행해야 한다. 앞서 얘기했던 한국 고객들의 특성을 다시 언급하자면 '디지털 검색 능력이 뛰어나며, 입소문의 파급력이 크고, 소비 트렌드에 민감'하다.

또한, 한국은 지역 인구 밀도가 높은 나라다. 로컬 지역에서 오프라인 매출의 극대화를 위한 다양한 마케팅 퍼널들이 있다. 하나의 사례를 들며 설명하겠다.

＊ ＊ ＊ ＊ ＊

안산에 사는 A 씨는 자기 지역에 친구가 놀러 오는데 '좋은 곳'에서 대접하고 싶다. 그런데 '어떤 곳'을 갈지 고민 중이다. A 씨는 안산의 MZ 세대를 타깃으로 다양한 소식(맛집, 카페, 기타 정보)을 포스팅하는 인스타 채널('안산소식')을 팔로우했다[1-7]. 그런데 한 포스팅을 보고 관심이 생겼다[1-8].

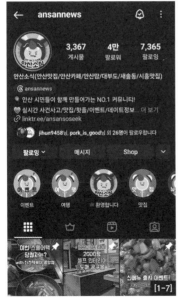

곧바로 네이버에 업체명을 검색하고[1-9], 다양한 체험 후기들을 둘러 보았다[1-10]. 마침내 원하던 장소를 찾게 되고 '최종 결정'을 한다.

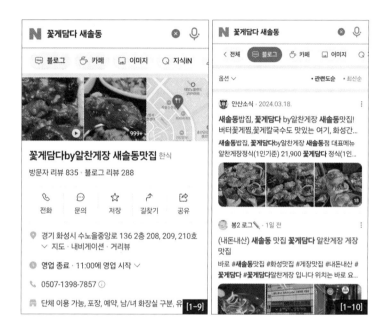

＊ ＊ ＊ ＊ ＊

A 씨의 사례처럼, 요식업은 인스타그램과 네이버만으로도 매우 직관적이고 효율적인 마케팅 퍼널을 구축할 수 있다. 앞서 언급한 병원에 비해 상대적으로 단순하고 직선적인 마케팅 퍼널이다. 해당 과정에서 업체의 노출도를 높이기 위해서 콘텐츠를 릴스로 만들거나, 단순히 게시글 형태가 아니라 로컬 광고를 진행할

수도 있다. 그리고 인스타그램 외에 '당근' 같은 지역 기반 플랫폼에 추가하여 광고를 진행할 수 있다.

마케팅퍼널을 만들 때 가장 중요한 지표는 두 가지다. 바로 '노출'과 '전환'이다. 앞의 예시에 적용해보면, 인스타그램 인기게시물에 노출이 되었고, 네이버 플레이스와 블로그 콘텐츠에서 전환된 것이다. 이를 더 세분화하여 최초 인지는 어디서 했는지, 추가적으로 검색을 어디서 하였는지 등을 파악하여 마케팅 퍼널을 더 첨예하게 만들 수도 있다.

또한, 콘텐츠의 노출도를 높이기 위해서 인스타그램 같은 경우 릴스 콘텐츠가 압도적으로 유리하며, 저장이나 공유, 친구들 댓글 소환 같은 상호작용이 증가할 수 있도록 마케팅을 설계하면 인스타그램 알고리즘에 더 최적화될 수 있다.

[1-11]은 자영업, 소상공인에 특화된 마케팅 퍼널 설계 및 실무 5단계 과정이다. 단계를 추가할 수도 있고, 해당 단계에서 더 세부적인 내용을 모니터링할 수도 있다(해당 스텝별로 더 다양한 내용은 추후 첨부하겠다). 거듭 강조하지만, 기록은 생명이고 피드백하면서 마케팅 퍼널을 업그레이드해야 한다.

기록과 피드백은 내 사업 성공과 실패를 결정하는 가장 중요한 요소다!

STEP 1 마케팅 퍼널 디테일 설계	나의 매장에 방문하는 다양한 경로를 단계별로 설계한다.
STEP 2 콘텐츠 노출 집중	나의 잠재고객들에게 노출시킬 콘텐츠를 제작하고 업로드한다.
STEP 3 전환율 업그레이드	나의 잠재고객들이 구매 결정을 하는 데 필요한 모든 요소를 점검하고 업그레이드한다.
STEP 4 커뮤니티 바이럴 체크	나의 잠재고객들이 모여 있는 커뮤니티를 파악하고 활동하거나 광고를 진행한다.
STEP 5 모든 과정 피드백	위 모든 과정을 지속적으로 피드백하며 데이터를 분석하고 업그레이드한다(최소 1주일 단위).

[1-11]

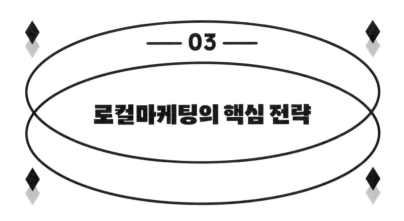

— 03 —

로컬마케팅의 핵심 전략

***

광고대행사를 운영하면서 가장 안타까운 순간은 광고주가 (재정적으로) 망하기 직전에 (이 사실을 숨기고) 마케팅을 의뢰할 때다. 처음에는 매출액 규모와 과거의 영웅담을 늘어놓지만, 속으로는 새카맣게 타들어 간 분들이 많다. 심적으로 여유가 없으니 본질적인 마케팅 이야기가 잘 들리질 않는 것. 그저 최대한 빠르게 어떻게든 매출을 올리길 바랄 뿐이지만, 현실은 녹록지 않다.

대한민국 자영업자의 현실은 어둡다. 이 사실은 모두가 알고 있으며, 여러 통계지표가 불편한 진실을 적나라하게 보여주고 있다. 그런데도 지금 순간에도 수많은 자영업자가 불구덩이로 뛰어들고 있다.

모든 자영업자를 일반화시킬 수는 없겠지만, 나의 경험상 많은 대표님들이 자기 콘텐츠에 대해 무한 신뢰를 한다. 그 콘텐츠는 유형의 물건이나 무형의 서비스(자신의 경험과 전문성) 또는 유형과 무형이 혼합된 것도 있다. 대표님들은 자신의 콘텐츠를 개발해오면서 애증이 묻어나게 된다. 그 콘텐츠를 시독하게 사랑하게 되는 것. 마치 자식 같은 존재가 되어버리는데, 진짜 문제는 여기서 발생한다.

마케팅을 전혀 신경 쓰지 않거나 중요도를 낮게 생각하는 경우가 대부분이다. 그들의 마음속에는 이런 명제가 있다. '서비스가 좋으면, 음식이 맛있으면, 시간만 지나면 알아서 사람들이 온다'는 것. 반은 틀리고 반은 맞는 얘기이다.

결론부터 말하면, 모든 제품과 서비스는 상향 평준화되었다는 것. 이 세상에 더 이상 새로운 제품과 서비스는 (거의) 존재하지 않는다고 본다. 소비자도 검색에 능하며 너무 똑똑해졌고, 끊임없이 비교한다. **매너리즘에 빠진 소비자들을 잡으려면 '마케팅이 달라져야 한다'는 것이 나의 지론이다.**

1) 로컬마케팅의 기본 공식

로컬마케팅의 공식을 본격적으로 논하기 전에 배경 지식으로 필요한 개념들이 있다. 너무 복잡하게 생각할 필요는 없다. **로컬마케팅은 지리적 위치와 업종에 따라서 전략이 달라질 수 있다.** 예를 들어 가격대가 비싸지 않은 일반적인 대중들이 쉽게 접근 가능한 분식집이 대중교통(버스나 지하철) 노선의 가까운 곳에 있다고 가정을 해보자.

이 경우 음식 서비스 자체가 값이 비싸지 않아 구매 저항이 크지 않기 때문에, 음식의 맛과 서비스의 질이 평균 이상이라고 가정한다면 음식점 자체의 존재를 지역 주민들에게 알리는 것이 가장 중요한 마케팅 포인트이다.

따라서 그 공간에 가게가 위치하고 있다는 것을 인지시키려면, 온라인 상에 검색 최적화가 가장 중요하다. 가장 많은 대중이 사용하는 네이버를 예시로 들자면, **'지역+업종명'**으로 많이 검색한다(ex, 상록수역 분식집). [1-12]

신규 방문한 고객들에게 쿠폰을 제공하거나, 맛과 서비스로 좋은 기억을 남겨준다면 재방문율은 올라갈 것이다(상대적으로 로컬 마케팅에서 쉬운 영역이라고 볼 수 있다.). 네이버 플레이스 상위노출 관련

내용은 뒤에서 자세히 다룰 것이니, 여기선 '검색 최적화'에 대한 중요성만 인지하자.

이 챕터에서 우리가 깊게 다룰 내용은 다음의 조건을 갖춘 업종들이다. **①지역적 위치가 크게 중요하지 않고, ②상대적으로 고관여 상품(중고가 가격대) 및 서비스**인 경우다. 대표적으로 '미용업'을 예시로 들 수 있다. 미용실이나 담당 디자이너를 선택할 때 '가격, 위치, 후기'를 균형적으로 고려하게 된다.

사실 아무리 거리가 멀어도 나의 두상과 헤어스타일을 최적화시켜주는 디자이너를 찾아가는 사람들이 많다. 이런 상품과 서비스는 당연히 네이버 검색 최적화 이상의 마케팅이 필요하다. 나만의 브랜드 메시지를 정확하게 알리는 광고와 콘텐츠가 있어야 한다. 단순히 네이버에 '지역+미용실'로 검색해서 사람들이 오지 않는다는 말이다.

인스타그램 마케팅 자동화

2) 로컬마케팅의 3단계

로컬마케팅을 총 3단계로 설명해보겠다.

[1단계] 잠재고객 만들기

목표 : 노출 ➜ 유입. 1단계의 핵심은 매출이 아니다. 잠재고객의 DB를 확보하는 것이 목표다. 우리 매장의 SNS 채널을 인지시키고 관심 갖게 할 수 있도록 계기를 만들어 준다. 더 나아가 쿠폰이나 사전 혜택을 제공하여 그들의 잠재의식 속에 브랜드를 각인시키고, 전화 상담이나 메시지 소통 또는 오프라인 방문을 유도하게 할 수 있다.

고관여 상품일수록 고객이 구매 전에 여러 가지 고민을 많이 하고, 경쟁사 제품과 서비스를 비교 분석하며 신중하게 구매 결정을 한다. 내 브랜드를 통해 잠재적 문제를 해결할 수 있는 '타깃고객'들과의 관계를 시작하는 것, 이것이 1단계의 가장 중요한 목표이다.

마케팅 흐름으로 보자면 '브랜드 노출 ➜ 최초 유입 (온/오프라인)'으로 볼 수 있다. SNS마케팅만 놓고 보자면 특정 플랫폼에서 유료 광고나 콘텐츠 마케팅을 통해서 냉소적인(무관심한) 고객들 중에 잠재 고객을 이끌어낸다(분류한다.).

단계별 액션 가이드라인은 다음과 같다.
[Step 1] 나의 타깃고객을 명확히 정의한다.
[Step 2] 타깃고객에게 보내는 메시지를 만든다.

[Step 3] 어떤 매체로 메시지를 노출시킨다.

이것을 적용한 내 고객의 예시를 보여주겠다. 업종은 미용업 (헤어)이고, '당근'이라는 지역 기반 마케팅 플랫폼에 활용한 분석 표이다. [1-14]

Step 1 타깃고객	나의 고객을 명확하게 정의 하였는가?	곱슬기 머리. 숱이 많아서 스 타일 손질이 어려운 고객
Step 2 메시지	내 브랜드의 차별화 포인트 를 메시지에 담았는가?	17년 차 미용 경력. 디테일한 질감처리를 잘한다.
Step 3 광고 매체	타깃고객이 내 콘텐츠를 볼 만한 곳은 어디인가?	'당근' 홈피드 광고에 노출

[1-14]

다음은 분석표를 기반으로 만들어진 광고이다. [1-15]

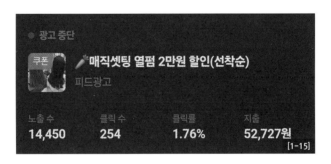

[1-15]

이 광고는 '당근'의 홈 피드(중고거래 화면)에 보이는 피드 광고이다.

해당 광고를 클릭하면 상세페이지가 순서대로 나온다. [1-16~19]

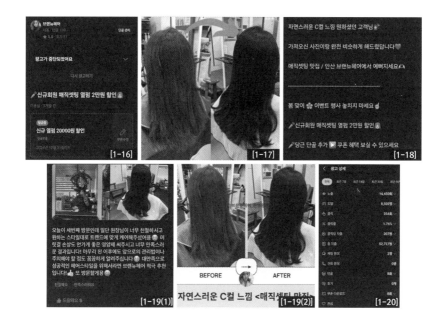

해당 광고는 5일 동안 약 만 원을 지출해서 얻은 광고 트래픽 성과이다(1일당 2천 원). 실제 이 미용실은 레이어드 펌과 매직세팅 시술로 해당 지역 주민들에게 브랜딩이 잘 되어 가고 있다.

노출 수	2,511
도달 수	2,160
클릭	42회
클릭률	1.68%
클릭당 비용	249원
총 비용	10,470원
관심	5건
문의	5건

[1-21]

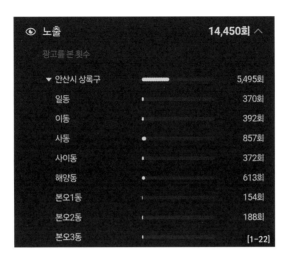

다시 정리하면, 잠재고객 단계의 목표는 특정 매체에서 나의 타깃고객에게 메시지를 보내는 것이다. 더 쉽게 말해서 '알려야 하는 것'이다. 이 알리는 과정에서 '당근, 인스타그램, 네이버'가 로컬마케팅의 가장 최적화된 플랫폼이다.

또한, 고객을 분석할 때 다음의 분석 툴을 활용해 볼 수 있다.

① 나의 타깃고객이 겪고 있는 문제들은 무엇인가?
  (현재 어떤 어려움을 갖고 있는가?)

② 나의 타깃고객이 알고 싶고, 궁금해하는 것들은 무엇인가?

③ 나의 타깃고객이 원하는 최상위 욕구는 무엇이고, 손해 보고 있는 것들은 무엇인가?

④ 고객들의 삶을 실질적으로 개선하는 데 도움이 되는 것들은 무엇인가?

인스타그램 마케팅 자동화

⑤ 고객들이 주로 검색하는 키워드나 동종 업계의 상품들을 구매할 때 어떤 과정을 거치는가?

⑥ 타깃고객들의 연령, 성별, 직업, 소득 수준, 라이프스타일, 구매습관 등 페르소나를 작성한다.

이 외에도 고객을 분석하는 툴과 가이드라인은 정말 많다. 업종마다 차이가 있으니 나만의 시장 조사 방법을 꼭 개발해보자. 책이나 관련 커뮤니티, 유튜브 등 수없이 많은 자료 조사 대상이 존재한다.

타깃고객에 보내는 메시지를 만들 때 중요한 것은 '내 브랜드만의 독특하고 구체적인 가치'다. 고객이 왜 내 브랜드의 제품이나 서비스를 선택해야 하는지에 대한 명확한 이유를 제시할 수 있어야 한다.

타깃고객의 페르소나를 기반으로 메시지의 톤과 스타일을 결정하여 고객과의 친밀감을 높이고, 메시지의 효과를 높이는 것이 중요하다. 단순히 제품이나 서비스의 기능을 나열하는 것보다 타깃고객이 얻을 수 있는 혜택에 초점을 맞추는 것이다. 앞에 제시한 상세페이지 사례를 다시 읽어보면 도움이 될 것이다.

타깃고객에게 보내는 메시지를 노출시킬 매체를 고를 때 가장 중요한 관점은 '내 타깃고객이 어디에 많이 몰려있냐'는 것이다. 나는 로컬마케팅, 지역마케팅을 진행할 때 '당근' 플랫폼을 가장 선호한다. 이미 '당근' 플랫폼은 지역 중심으로 트래픽을 모으는

데 성공하였다. 지역 커뮤니티를 형성하는 데 당근만큼 성공한 기업은 없다고 보는 게 업계 정설이다.

우리는 그 플랫폼을 활용하기만 하면 된다. 그리고 사업을 운영하는 대표의 입장에서 마케팅 지식이 부족한 상황이더라도 네이버나 인스타그램에 비하면 훨씬 쉽게 운영이 가능하다. 당

근 비즈니스 운영 계정을 잘 정리해 놓은 자료들도 많다. 예시로 내 블로그를 첨부했으니 더 많은 내용을 알고 싶다면 왼쪽 **QR코드**를 참고하라.

[1단계: 잠재고객]에 이어 설명할 **[2단계: 구매고객]**, **[3단계: 충성고객]**의 개념을 설명하기 위해 '당근' 플랫폼을 예시로 들겠다. 그리고 뒤에 나오는 **[로컬마케팅 실전(심화 내용)]**에서는 '인스타그램'과 '네이버 플레이스'도 중점적으로 다루겠다.

[2단계] 구매고객 만들기

목표 : 유입 → 전환. 2단계의 핵심은 '매출'이다. 광고나 바이럴 콘텐츠를 통해서 확보한 잠재고객으로부터 매출을 이끌어내야 한다. 이를 전문용어로 '전환'이라고 한다. 먼저 잠재고객 중에서 관심고객을 분류해야 하는데, 잠재고객의 행동 패턴과 상호작용 정도를 분석하여 관심도가 상대적으로 더 높은 고객을 식별하라.

이렇게 관심도(구매 가능성)에 따라 분류한 관심고객을 다시 '필요도'와 '선호도'에 따라 세분화시킬 수 있다. 세분화시킬수록 더욱 타킷화된 2차 마케팅이 용이하다. 그다음, 분류된 관심고객에게 맞춤형 컨텐츠를 지속적으로 제공하여 내 브랜드에 대한 인식을 강화하는 단계가 필요하다. 쉽게 말해 내 브랜드에 스며들게 하는 것이다. 아직 구매 전이지만, 내 브랜드와 상호작용 할 수 있는 계기를 만드는 것이다.

최종적으로 구매를 유도하기 위해서 한정된 시간 동안 할인, 첫 구매고객을 위한 특별 혜택 같은 '맞춤형 제안'을 통해 구매 결정을 촉구한다.

단계별 액션 가이드라인은 다음과 같다.
[Step 4] 잠재고객 중 관심고객을 분류한다.
[Step 5] 관심고객을 내 브랜드에 스며들게 한다.
[Step 6] 최종적으로 상품과 서비스를 판매한다.

Step 4 관심고객 분류	확보한 잠재고객 중 내 브랜드에 더 관심있는 사람이 누구인가?	당근 광고를 통해 해당 시술 쿠폰을 다운 받은 잠재고객
Step 5 관심고객 육성	내 브랜드의 관심고객을 어떻 게 육성시킬 것인가?	브랜디드 콘텐츠 비포 & 애프 터 사례 이벤트 소식글 작성
Step 6 판매 전환	최종적으로 내 상품과 서비스를 어떻게 판매할 것인가?	선착순 이벤트 , 마감 혜택 공 지, 매장 방문 유도

[1-26]

[1-27]

[1-28]

[2단계] 구매고객을 만드는 과정을 예시로 보여주겠다. 1단계에서 언급한 광고를 통해서 잠재고객에게 CTA(콜투액션), 즉 원하는 행동을 요구한다. 당근 플랫폼의 경우, 이벤트 쿠폰을 수령하려면 '단골'을 맺어야 한다. 단골을 맺고 쿠폰을 받으면 관리자 페

이지에서 해당 아이디를 확인할 수 있다. [1-27]

광고를 보고 당장 미용실에 문의하지 않아도 쿠폰을 수령한 잠재고객은 이제 관심고객으로 봐도 무방하다. 내 미용실의 시술에 관심이 있거나 언제 시간이 된다면 방문할 의지가 조금은 있는 것이다.

그렇지만 당장은 오지 않을 것이다. 헤어스타일을 바꿀 타이밍이 아닐 수도 있고, 다른 미용실과 비교를 해볼 수도 있다. 그렇다면 이제 어떻게야 할까? 관심 고객을 그냥 방치할 것인가? 언제 올지도 모르는 데 마냥 기다려야만 할까?

이제 관심고객을 육성하는 단계로 넘어가야 한다. 여기서 당근에는 좋은 기능이 있는데, 소식글을 작성하면 앞서 맺은 단골에게 하루에 한 번씩 알림이 간다. 그러니 미용실의 이벤트나 시술 비포/애프터 등을 보기 좋게 편집하여

계속 연재하면, 단골을 맺고 쿠폰만 맺는 관심고객의 잠재의식에 구매 욕구를 생성할 수 있다. [1-29]

이는 유튜브의 구독이나 인스타그램의 팔로우 기능으로 볼 수 있다. 계속해서 브랜드에 스며들게 하는 것. 이것이 핵심이다. 반복적으로 브랜드에 노출되게 하면 자연스럽게 호감도와 신뢰도가 상승할 수밖에 없다. 여기에 부가적으로 마감 혜택이나 선착순 이벤트 등을 통해 구매 욕구를 더 상승시킬 수도 있다. 특히 뷰티샵은 트렌드가 계속 바뀌니 '이달의 컬러'나 '스타일 이벤트'를 지속하기 용이하다.

인스타그램에서는 스토리나 하이라이트 기능을 활용하여 '월 이벤트'나 '특별 이벤트(게시물로 일시적으로 진행)'를 하면 좋다. 만약 잠재고객의 DB를 확보했다면 카카오톡 채널 메시지나 문자 마케팅도 좋다. 중요한 것은 '어떤 채널을 활용하느냐' 보다 '어떤 콘텐츠로 부담스럽지 않고 지속적으로 브랜드에 스며들게 하느냐'이다. 콘텐츠 기획력이 매우 중요하며, 수많은 시행착오를 겪어야 하는 부분이다. 구매까지 간다면 일단 반은 성공했다.

[3단계] 충성고객 만들기

목표 : 전환 → 재구매 → 소개(입소문). 이제 최종 관문인 충성고객 만들기 단계다. 혹자는 구매고객이 되면 끝난 것이 아니냐고 말하겠지만, 로컬마케팅은 지금부터가 시작이다. 이미 **[1, 2단계]** 에서 신규 고객을 확보하기 위해 시간과 돈 노력 등이 투입되었다. 이제 본격적으로 수익을 극대화하여야 한다. 기존 고객의 만족은 물론 '열성팬'을 만들어 입소문을 극대화시켜야 한다.

기본적으로 구매가 일어난 후 가장 중요한 것은 '후속 조치'다.

대부분의 구매는 실망으로 이어지게 된다. 이것은 사람의 본능에 가깝다. 뭐든지 구매하기 직전, 결정하기 직전까지만 도파민 분비가 왕성하고, 그 시간이 지나면 슬슬 실망감이 치밀어 올라 후회하기 시작한다.

따라서 그런 실망감이 밀려오기 전에 구매고객의 선택이 틀리지 않았음을, 매우 현명한 선택이었음을 자각하게 만들어야 한다. 이때 만족도를 묻는 메시지를 보내거나 제품 사용법 안내서를 제공 등 내 브랜드 제품과 서비스의 혜택을 최대한 볼 수 있도록 해야 한다.

또는 문제가 생긴다면 바로 신속하게 해결해주고, 지속적인 피드백으로 고객 경험을 개선하며, 서비스의 품질을 높여가야 한다. 고객의 충성도를 강화할 수 있는 모든 것을 다 한다. 이 모든 것이 반영된 지표가 '후기'다. 후기는 로컬마케팅, 입소문마케팅의 핵심이다.

이제 열성팬 단계에 접어든 고객들에게는 재구매를 유도하는 보상 프로그램을 진행한다. 내 브랜드와 장기적인 계약을 맺는 것이다. 고객의 구매 이력과 선호도를 분석하여 고객에게 추가가치를 제공하고 업셀링을 시도한다.

마지막으로 고객의 후기 자료를 홍보하고, 다시 신규 고객 마케팅에 적극적으로 활용한다. 추천 보상 프로그램을 도입하여 입소문에 대한 동기부여를 더 줄 수 있다. 개개인의 소셜미디어에 공유하는 것도 매우 효과적이다. 내 브랜드에 대한 고객의 경험을 계속 노출시켜서 브랜드의 확산을 촉구해야 한다.

단계별 액션 가이드라인은 다음과 같다.

[Step 7] 구매자에게 최고의 경험을 제공한다.

[Step 8] 열광팬을 만들고 매출을 다각화한다.

[Step 9] 기존 구매자들의 입소문을 촉진시킨다.

Step 7 열광팬 만들기	구매고객에게 최고의 가치를 제공하는 방법은 무엇인가?	시술 만족도 조사, 후기 작성 이벤트, 지속적인 피드백
Step 8 매출 다각화	고객의 삶의 가치를 최대화 하는 방법은 무엇인가?	재구매 이벤트 진행, 뷰티 미용 관련 정보, 맞춤형 메시지 제공
Step 9 판매 전환	입소문 구매 시스템을 촉진 하는 방법은 무엇인가?	소개 이벤트 진행, 후기 자료 활용, 소셜 미디어 노출

[1-30]

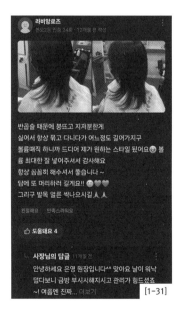

[1-31]

후기의 중요성은 두말하면 잔소리다. 개인적으로 네이버나 인스타그램 후기보다 당근 후기가 훨씬 더 효율성이 좋다고 생각한다. 그 이유는 네이버나 인스타그램은 체험단의 홍수 속에 후기의 진정성이나 진위 여부를 판단하기가 매우 어렵다.

그에 반해 당근은 한 아이디 계정으로 후기를 한 번밖에 올리지 못한다. 주로 광고대행사들이 후기 어뷰징을 목적으로 타 지역에서 IP를 통해 접속해서 후기를 적어도, 당근에서는 해당 지역에서 동네 인증을 한 사람의 후기를 우선으로 노출시킨다. **[1-32]**

[1-32]

　'동네생활'이라는 탭에 자연스럽게 미용실 관련 키워드로 노출도 가능하다. 열광팬이라면 자연스럽게 내 브랜드를 홍보할 수 있는 후기글을 부탁해 볼 만 하다. 물론 인스타그램과 네이버의 장점도 분명히 존재한다. 로컬마케팅의 각 단계의 개념을 설명하고자 당근을 예시로 들었을 뿐, 플랫폼마다 장단점이 있다. 중요한 것은 본질이다.

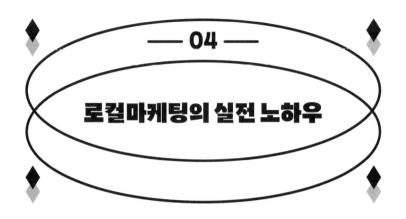

— 04 —
로컬마케팅의 실전 노하우

* * *

1) 로컬마케팅 네이버 플레이스

'대한민국에서 장사하려면, 네이버가 필수다'라는 말이 있다. 정말이다. 특히, 구매력이 높은 40~50세들의 네이버 사용량은 절대적이다(MZ 세대는 인스타그램이나 틱톡도 많이 사용한다.). 지금 이 글을 읽고 있는 우리부터 자문자답을 해보자. 어디에 여행을 가거나, 맛집을 찾거나, 오프라인 매장을 찾을 때 어디에서 검색하는가? 아마, 대부분 네이버에 검색할 것이다.

일반적인 소비자들은 내 가게를 네이버에서 검색하고, 후기를 보고, 정보들을 비교 분석하여 최종 구매를 결정한다는 것이다. 물론 일부 사람들은 이렇게 얘기한다. 네이버는 수많은 광고 업체가 들어와서 어뷰징 작업을 하고, 체험단들이 범람하는데 신뢰성이 떨어지지 않느냐고.

일부는 맞는 말이다. 그런데 대부분의 사람들은 그런 줄 알면서도 그냥 그 정보를 흡수한다. 즉 크게 신경 쓰지 않는다. 사실 네이버에 아무 정보가 없는 것보다는 협찬 글이라도 있는 게 낫다. 최소한의 정보를 판단하는 기준, 즉 '1차 검증'의 토대가 된다는 것이다.

따라서 '내 가게에 최신 리뷰가 있는지, 혹시 몇 달 전 리뷰가 남아 있는 건 아닌지'를 반드시 체크해야 한다. 정성 어린 고객의 후기 하나가 백번의 홍보보다 낫다는 것을 명심하자. [1-33] '영수증 리뷰' 같은 후기를 잘 받는 방법은 뒤에서 자세히 다루겠다.

(1) 키워드 검색과 데이터 관리

다시 강조하지만, 네이버 활용은 필수다. 네이버에 내 매장과 관련된 수많은 세부 키워드를 노출만 잘 시켜도 양질의 트래픽을 분명히 확보할 수 있다. 그러려면 먼저 '키워드'를 이해해야 한다. 키워드는 소비자가 검색하는 단어로 고객의 욕구와 필요가 담겨 있다. 이 의도를 잘 파악하여 나의 브랜드와 관련된 적합한 양질의 정보를 상위 노출하는 것이 중요하다.

키워드를 선정할 때 주의할 점은 절대 나의 '뇌피셜'로 정하면 안 된다는 것이다. 사람들이 많이 검색하는 키워드는 반드시 객관적인 기준과 지표들로 추출해야 한다. 잠재 소비자와 나를 연결해주는 키워드를 잘 모르고 광고비만 많이 투입한다고 해서 좋은 결과가 나올 수가 없다.

자칫 돈만 쓰고 매출이 오르지 않는 최악의 사태가 벌어진다. 게다가 광고주가 키워드를 이해하지 못한 상태에서 업체에 광고를 맡기면 호구가 될 뿐이다. (절대 광고대행사는 사장님처럼 일하지 않는다. 거의 대부분.)

키워드를 찾는 방법은 어렵지 않다. 활용할 수 있는 검색 도구 툴이 수없이 많다. 중요한 것은 키워드를 수시로 수집하고 잘 문서화 하여 보관하고 활용해야 한다는 것이다.

키워드의 검색량을 확인할 수 있는 가장 쉬운 툴인 '키워드 마스터'라는 사이트를 소개하겠다. 키워드에 고객이 검색할 만한 단어, 또는 단어들을 조합하여 검색량을 알아보자. PC와 모바일을 포함한 검색량(=조회 수)이 나오는데, 해당 키워드로 발행된 문서 수를 알 수 있다. 해당 키워드 검색량 대비 문서 수를 의미하는데, 비율(=경쟁도)이 낮을수록 초보 블로거가 상위 노출하기 수월하다고 볼 수 있다.

[1-34]을 보면 안산 레이어드펌보다 안산 레이어드컷의 검색량이 7배인데 비해, 발행된 문서 수는 비슷하다. 상대적으로 경쟁률도 낮으면서 검색량이 많으니 우선적으로 노출시켜야 할 키워드라고 볼 수 있다.

–	키워드	PC 검색량	모바일 검색량	총조회수	문서수	비율
·	안산미용실추천	40	370	410	29,787	72.651
·	안산레이어드컷	60	420	480	5,261	10.960
·	안산레이어드펌	10	80	90	4,554	50.600
·	사동미용실	170	1,480	1,650	7,089	4.296
·	안산미용실	2,010	10,500	12,510	69,163	5.529

[1-34]

키워드 마스터 외에 '블랙키워'라는 툴도 있다. 해당 키워드의
검색량을 파악하기도 쉽고, 관련 검색어도 쉽게 이해할 수 있다.
[1-35~37]

[1-35]

[1-36]

[1-37]

검색어 트래픽 추이 확인은 물론 네이버에서 해당 키워드를 통합 검색할 때 스마트블록, 지식인 등의 섹션이 배치되는 순서도 파악할 수 있다. (해당 섹션에 노출 중인 콘텐츠의 개수가 함께 표시된다.) [1-38]

앞서 말한 정보들은 '**심화 과정**'에서 매우 중요한 인사이트이다. 오프라인 매장을 운영하는 로컬마케팅의 경우, 꼭 관련된 음식이나 메뉴, 지역 명뿐만 아니라 해당 지역의 명소, 주요 랜드마크 또는 관련 행사와 이벤트도 함께 세부 키워드로 잡는 것이 중요하다.

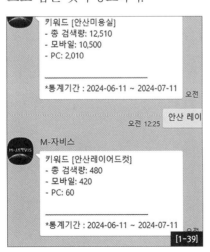

그 외 카톡으로 간단하게 검색량 정도를 확인해볼 수 있는 '자비스'라는 프로그램도 있다. 가볍게 검색량을 수시로 확인하기 용이하다. [1-39]

무엇보다 가장 중요한 것은 이렇게 검색한 키워드 검색량을 엑셀 파일로 잘 정리해서 누적으로 데이터를 관리하는 것이다. 마케팅의 가장 중요한 기술은 데이터 아카이빙(데이터 기록 관리)이다.

네이버 지도를 활용해서 내 가게와 주변 대중교통, 랜드마크와의 거리를 확인하고 키워드를 잡는 것도 키워드 추출법 중 하나이다. '도보로 10분 이내', '차로 5분 이내'와 랜드마크와의 키워드 조합은 검색량이 적어도 확실하게 잡아두면 전환율이 좋다. [1-40]

[1-40]

(2) 스마트 플레이스 이해하기

스마트 플레이스는 네이버 검색과 지도에 노출되는 내 가게 정보를 사업주가 직접 관리할 수 있는 '무료 서비스'이다. 별도의 사이트가 없어도 오프라인 가게만 있으면 스마트 플레이스를 통해 네이버 플랫폼에 내 가게 정보를 노출시킬 수 있다.

과거에는 사이트가 있어야 네이버 노출이 가능했지만, 지금은 사업자 정보만 있다면 가능하다. 무료로 네이버에 내 가게를 광고할 수 있으니 반드시 마스터해야 하는 부분이다.

스마트 플레이스를 통해 다양한 내 가게의 정보를 등록할 수 있는데, 가게 연락처나 주소지, 운영 시간 등을 네이버에 수정 요청할 필요 없이 사업주가 직접 변경할 수 있다. 또한, 스마트콜, 네이버 예약, 네이버 주문들도 함께 사용할 수 있다.

■스마트 플레이스의 노출

네이버 통합검색 플레이스 영역, 모바일 웹지도, 모바일 지도앱 등에서 노출이 된다. 여기서 중요한 것은 어떤 키워드로 검색했을 때 사업주들의 스마트플레이스가 노출이 되는가이다. 음식점을 예로 들면, '지역명+맛집', '지역명+음식명', 또는 '직접 업체명'이 검색결과에 노출된다.

이런 대표키워드 외에도 세부적인 키워드들도 노출시킬 수 있다. 예를 들어 '지역명+데이트 코스', '지역명+한식 맛집' 이런 식으로 타깃고객을 고려해서 세부적으로 키워드를 잡는 것이다. 이렇게 다양한 검색 결과로 네이버에서 잠재고객을 만날 수 있다.

스마트 플레이스 등록 방법은 매우 간단한다. 앱과 웹 모두 가능한데(ios, 안드로이드 모두 가능), 신규 등록 메뉴에서 '간편 등록하기' 클

릭 후에 소지하고 있는 사업자등록증을 찍어서 업로드하면 된다 (네이버 문자인식 기술). **[1-41]**

스마트 플레이스에 있는 모든 도구를 최대한 활용하는 것이 좋다. SNS 연동도 최대한 많이 세팅하고, 가게 관련 정보도 자세하게 업로드하는 것이 상위노출에 절대적으로 유리하다. 네이버 예약 관련 세팅도 필수적이다. ARS도 설정해두면 업무 자동화에 큰 도움이 된다. 자세한 세팅법은 58p의 **QR코드**를 참고하자.

■ 플레이스 광고 이해하기

플레이스 광고는 검색자에게 내 가게를 알릴 수 있는 매우 효율적인 '마케팅 도구'이다. 검색자의 질문 의도를 파악하는 게 매우 중요하다. 결국, 네이버가 원하는 본질은 검색자에게 양질의 정보를 제공하는 것이기 때문이다. 그런데 신규 업체가 가게 오픈을 했어도 이 사실을 알리지 않으면 아무도 알 수가 없다. 지인 장사도 한계가 있는 법, 내 가게의 성장을 위해서 적극적인 마케팅은 필수다.

이때 더 빠른 성장을 위해서 네이버 플레이스 영역 상단에 노출되는 플레이스 광고를 활용할 수 있다. '지역+업종/업체'나 '특정 장소'를 찾는 키워드를 검색할 때 [네이버 통합검색(PC/모바일)의 플레이스 영역, 서비스와 지도 웹/앱]에 그 결과가 상단 노출되는 것이다.

플레이스 광고는 업체 정보를 활용해서 연관도가 높은 키워드에 자동으로 매칭되어 내 브랜드를 노출 시켜준다. 식당, 키즈카페, 학원, 병원 능 다양한 업송의 광고수가 참여할 수 있다. (주유소, 편의점, 사행성업, 성인업 등 일부 업종은 광고 등록과 노출이 불가능하다.)

플레이스가 노출되는 검색 결과 목록에 판과 함께 광고가 노출된다(모바일은 통합검색/플레이스/지도 앱, PC는 통합검색/지도 웹). 스마트 플레이스 광고의 장점은 업체의 정보를 바탕으로 별도의 키워드 등록 없이 관련성 있는 키워드에 자동 매칭되어 광고 노출이 된다는 것이다.

> ▶3가지 광고 세팅
> ①네이버플레이스 광고 세팅
> ②소상공인 광고 세팅
> ③파워링크 광고 세팅

장피디 유튜브

2) 로컬마케팅 당근

'당근'은 로컬마케팅, 특히 오프라인 마케팅에 가장 효율이 좋은 플랫폼이다. 오늘도 전국 3천만 이웃이 내 근처에 있는 '비즈 프로필'을 확인하며, 이용할 만한 가게를 찾고 있다. (전국 82만 가게와 3,600만 명의 동네 이웃, 2023년 10월 가입자 기준임) 일단 당근에 내 업체를 무료로 등록만 해도 홍보 효과가 있다. 그런데 아직 당근마케팅을 세련되게 하는 사업주는 극소수다.

(1) 비즈프로필 세팅

당근의 비즈프로필만 잘 활용해도 근처의 이웃들에게 내 가게를 무료로 알릴 수 있다. 비즈프로필의 정보와 소식은 '중고거래 게시글' 사이와 동네 이웃들이 가장 많이 보는 '내 근처 탭', '검색 결과' 등에 노출되기 때문이다. 당근의 모든 이용자는 본인의 위치를 스마트폰으로 인증해야 해당 위치의 게시글을 확인할 수 있다.

그러나 당근 광고를 이용하면, 우리 동네뿐만 아니라 원하는 모든 지역에 내 가게를 홍보할 수 있다.

▶**채팅** : 비즈프로필을 발견하거나 소식을 본 이웃은 채팅 기능으로 바로 문의할 수 있다.

▶**쿠폰** : 쿠폰을 발행해 다양한 혜택을 알리고, 고객의 방문을 유도한다. 쿠폰을 만들기만 해도 **[내 근처] ➔ [쿠폰북]** 메뉴에 등록된다.

▶**단골 관리** : 단골은 비즈프로필에서 **[+단골 맺기]**를 눌러 소식을 받아보는 이웃을 말한다. 단골이 많을수록 소식을 확인하는 사람도 많아지고, 반응도 폭발적이다. 소식을 중고거래 게시글 사이에 노출하려면 광고를 만들어야 한다. 하지만 단골에게는 광고를 안 해도 중고거래 게시글 사이에 소식을 보여줄 수 있다.

▶**+단골 관리 기능**

비즈프로필 홈 상단의 **[단골 목록] ➔ [단골 고객 수 변화 보기]**를 누르면, 단골과 관련된 주간 성과를 확인할 수 있다. 그리고 특정 단골의 프로필을 누르면, 해당 단골의 활동을 확인할 수 있다. 특별히 기억하고 싶은 단골이 있다면, 해당 단골의 프로필을 누르고, 상단에 메모를 남기면 된다**(사업주만 볼 수 있음.).**

(2) 단골을 모으는 핵심 방법 3가지

첫째, 소식 작성하기

상품이나 서비스 소개, 이벤트, 우리 가게의 일상까지 다양하게 작성한다. 소식에 흥미가 있는 가진 이웃들은 [+단골맺기]를 누른다. 소식을 작성하면 당근 곳곳에 무료로 노출된다.

단골을 맺은 이웃들은 당근 홈 중고거래 게시글 사이에서 내 가게 소식을 확인할 수 있다. 그리고 **[내 근처] → [우리 동네 업체 소식]** 메뉴에 노출된다. 이웃이 [내 근처]탭에서 내 비즈프로필 소식에 포함된 특정 키워드를 검색할 경우, 해당 소식이 노출되기도 한다.

둘째, 단골 전용 쿠폰 만들기

단골 전용 쿠폰은 단골을 맺어야만 받을 수 있는 쿠폰이다. 단골 전용 쿠폰 혜택에 관심이 생긴 이웃들은 내 가게와 단골을 맺고 쿠폰을 받는다. 소식 에디터 하단의 쿠폰 이미지를 누르면, 소식에 쿠폰을 첨부할 수 있다. **(쿠폰은 가게의 다양한 혜택을 알리는 기능이다. 발급 대상, 발급 건수, 이용 조건을 원하는 대로 설정할 수 있다.)**

내 가게를 몰랐던 이웃도 쿠폰 혜택을 사용할 겸 가게를 방문하거나 상품을 구매한다. 첫 구매 손님만 사용할 수 있는 쿠폰을 만들면 새로운 고객을 늘리기 용이하다. 쿠폰을 만들기만 해도 **[내 근처]** 메뉴에 내 가게의 쿠폰이 등록된다. 쿠폰을 첨부한 소식은 배지와 함께 노출된다.

셋째, 광고 하기

사업주가 원하는 동네만 골라서 광고를 하고, 단골을 빠르게 늘릴 수 있다. 소액으로도 가능하며, 동네 이웃들이 가장 많이 보는 중고거래 게시글 사이 광고할 수 있다(피드 광고). 또한, 특정 키워드의 검색 결과에 광고도 가능하다(검색 광고).

(3) 당근 광고 만드는 법

[Step 1] 광고 계정 만들기
[나의 당근] ➔ [광고]를 눌러서 광고 계정을 만든다.

[Step 2] 광고 만들기
[광고 만들기]를 누른다.

[Step 3] 노출 위치 선택하기
먼저 광고를 노출하고 싶은 위치를 선택한다. 이때 홈 피드나 검색 결과 광고를 결정한다.

[Step 4] 소재 선택하기
무엇을 광고할지 선택한다. 비즈프로필 홈과 소식, 알바 공고, 웹사이트 등 다양한 소재를 광고할 수 있다.

[Step 5] 광고 미리 보기
어떤 내용으로 광고할지 제목과 대표 사진을 입력한다. 광고가 실제로 이웃들에게 어떻게 노출이 되는지 미리 볼 수 있다.

[Step 6] 지역 선택하기

광고하고 싶은 지역을 설정한다. 원하는 동네에 모두 광고할 수 있다.

[Step 7] 예산과 일정 설정하기

s광고할 예산과 일정도 원하는 데로 설정할 수 있다. 소액으로도 가능하며, 이웃이 광고를 클릭했을 때 광고 비용을 차감하고, 예산이 전부 다 차감될 때까지 광고가 계속 노출된다. **[상세 일정 설정하기]**를 선택하면 요일/시간별 기간 설정이 가능하다.

[Step 8] 심사하기

광고 심사는 대부분 24시간 안에 완료되고, 당근 채팅 메시지로 심사 결과를 알려준다. 승인된 광고는 설정한 일정에 맞춰 자동으로 시작된다.

* * * * *

▶**상품 판매 :** 업체 상품을 등록하고 판매부터 정산까지 당근에서 해결할 수 있다(**일부 지역**).

▶**예약 :** 고객 예약을 등록하고 관리할 수 있는 기능이다. 예약 일정이 다가오면 고객에게도 알림을 자동 발송할 수 있다(**일부 업종**).

▶당근 '키워드 광고/검색 광고' 활용법

장피디 유튜브

3) 로컬마케팅 인스타그램

(1) 팬을 만드는 가장 효율적인 방법

다양한 SNS 플랫폼 중 가장 빠르고 쉽게 팬(Fan)을 만드는 것은 인스타그램이다. 그리고 로컬마케팅의 핵심은 고정고객인 팬을 만드는 것이다. 그렇다면 팬을 만들기 위한 핵심은 무엇일까? 팬을 만들기 위한 가장 중요한 두 가지 요소는 '브랜드 접근성'과 '커뮤니케이션'이다.

즉 내 브랜드에 쉽게 접근할 수 있고, 브랜드 운영자와 쉽게 소통할 수 있어야 한다는 것이다. 이런 측면에서 인스타그램은 매우 적합한 플랫폼이다.

인스타그램은 공급자(계정 운영자)와 콘텐츠 소비자가 형식적으로는 구분되어 있지만, 수평적인 커뮤니케이션이 가능하다. 게시물 댓글 소통, 스토리, 라이브 기능 등을 통해서 공급자의 메시지와 소비자의 경험들이 직관적으로 상호작용을 할 수 있다.

더 나아가 잠재고객이 내 브랜드의 전체적인 톤앤매너(Tone & Manner)를 파악하고, 어떤 철학으로 브랜드를 만들어가는지와 나(운영자)의 휴머니즘적인 모습까지 직관적으로 느끼고 판단할 수 있는 공간이 인스타그램이다.

각각의 플랫폼은 고유한 특성과 장점이 있다. 이를 잘 이해하고 적절하게 이용하는 것이 중요하다. 앞에서 말했지만, '네이버 플레이스'의 가장 중요한 역할은 검색자의 질의 의도를 해결해주고, 브랜드의 1차적인 신뢰를 검증하는 것이다. 또한 '당근'은 플랫폼 특성상 한 지역을 기점으로 양질의 밀도 있는 타깃고객에게 빠르고 정확하게 접근하여 내 브랜드를 알릴 수 있다.

타 플랫폼 대비 인스타그램의 장점은 명확하다. 중요 포인트는 '소통'과 '반응'이다. 인스타그램의 알고리즘은 이 두 가지 요소를 적극적으로 반영하고 있다(자세한 내용은 뒤에서 설명하겠다). 이 부분에서 로컬마케팅의 인스타그램 운영 방향성이 정해진다.

결론부터 얘기하자면, 인스타그램은 브랜드 그 자체, 그 브랜드를 만들어가는 사람 자체여야 한다. 이제 사람들은 제품이나 서비스를 단순히 소비하지 않는다. 그 제품이나 서비스를 만들어가는 사람(들), 그리고 그 사람(들)이 만들어내는 분위기와 가치, 문화 콘텐츠를 소비하는 것이다.

남들이 하지 않는 이야기, 남들이 하지 못하는 내 고유의 색깔, 즉 내 정체성을 마음껏 표현하면서 나의 타깃고객들과 적극적으로 소통한다면, 인스타그램은 타 플랫폼 대비 빠르고 직접적인 성과를 얻을 수 있다.

(2) 인스타그램 운영에서 지양해야 할 3가지

인스타그램의 기능적인 요소와 알고리즘을 말하기에 앞서 중요한 전제들을 설명하겠다. 방법론보다 중요한 것은 '방향성'이다. 단단한 방향성을 기반으로 나와 내 브랜드에 맞는 꾸준한 방법을 찾아야 한다.

첫째, 팔로우 수에 집착하지 말자

오해하지 말자. 팔로우 수 자체가 중요하지 않다는 것이 아니다. 로컬마케팅을 하는 자영업자에게 중요한 것은 '찐팬'이다. 즉 '찐 소통'을 하는 사람의 숫자가 핵심이다. 지속적으로 새로운 내 게시물에 '좋아요/댓글/저장/공유'의 반응을 해주는 사람이 필요한 것이다.

일반적인 인플루언서들은 상품 협찬을 받거나 공구(공동구매)를 진행할 때 팔로우 숫자가 영향력 그 자체를 의미하기도 한다. (요즘에는 어떤 팔로워가 주된 계층인지, 상호작용이 얼마나 유의미하게 있는지의 지표도 파악한다.) 로컬마케팅은 단순히 많은 고객이 필요한 게 아니라, 내 브랜드와 상품과 서비스, 내 메시지에 진심으로 관심 갖는 사람이 필요하다.

알고리즘상으로도 이 점은 매우 중요하다. 인스타그램의 알고리즘은 생각보다 간단하다. 내가 어떤 게시물을 올리면 인스타그램은 내 계정을 팔로워하는 사람들 일부에게 이 콘텐츠를 보여주고 반응도를 체크한다. 그 반응도가 유의미하게 계속 나온다면, 연속적으로 그 게시물에 관심 가질만한 분야의 사람들에게 지속적으로 노출을 시켜준다.

그렇다면 여기서 가장 중요한 건 무엇일까? 게시물을 업로드할 때 '첫 단추'를 잘 꿰어야 한다. '초기 반응도'가 좋아야 한다는 말이다. 그래서 인스타그램을 보여주기식으로 키우려고 가계정을 산다거나, 의미 없는 팔로워들로 채워 넣을 필요가 없다. 오히려 내 시간과 공을 들여서 만든 콘텐츠가 확산하는 데 방해만 될 뿐이다.

그러니 팔로워 수에 집착하지 말고, 정말 나와 소통하며 내 콘텐츠에 열성적으로 반응하는 팬의 숫자를 늘리자. 하루에 한 명도 좋다. 나 개인적으로는 임계점으로 상징적인 숫자 100을 좋아한다. 당장 내 제품을 구매하고, 내 가게에 방문하지 않아도 나의 브랜드에 호감을 갖고 있는 팔로워를 100명만 구축할 수 있다면, 내 인스타그램의 계정은 건강하게 성장할 수 있다.

둘째, 계정과 게시물의 디자인에 집착하지 말자

디자인이 중요하지 않다는 것이 아니다. 당연히 디자인의 파급력은 강하다. 다만 디자인에 너무 얽매여서 계정 운영에 족쇄를 채우지 말자는 것이다. 디자인보다 중요한 것은 '메시지'다.

나의 브랜드를 상징하는 색을 정하고(메인 컬러 1가지 + 서브 컬러 2가지), 전용 글씨체까지 제작하지는 않더라도 주로 사용하는 글씨체 2가지(제목용, 본문용), 그리고 자주 사용하는 디자인 템플릿 정도만 정해놓고 콘텐츠 발행을 하면서 지속 보강하면 된다.

처음부터 계정의 너무 미적인 측면에 강박관념을 가지면 게시물을 업로드할 때나 인스타그램 계정의 전체적인 디자인, 콘텐츠 배치에 에너지를 다 쏟아부어서, 정작 메시지에는 영혼이 없는 경우도 많다. 또는 그 과정에서 지쳐서 지속하지 못하는 자기 오류에 빠지는 계정들도 많이 보았다.

우리는 예술을 하는 것이 아니다. 우리는 세일즈를 하고, 브랜드를 만들고, 팬을 만드는 '마케팅'을 하는 것이다. 예술을 하느라 정작 본질을 잊으면 안 된다. 예술은 덤이다. 그리고 잘 되는 콘텐츠들을 계속 벤치마킹하면서 나만의 색깔을 찾는 건 시간이 지나면 자연스레 되기 마련이다.

그러니 그만 겁내고, 완벽주의에서 벗어나자. 그리고 생각보다 잠재고객들은 인스타그램 계정을 구석구석 따져보며 미적인 측면을 평가하지 않는다. 계속 강조하는 부분이지만, 잠재고객은 '나에게 어떤 이득을 주는지'를 판단하고 이를 뒷받침하는 '콘텐츠 본질과 메시지'를 파악한다.

우리는 브랜드 메시지가 잘 전달된다는 마음으로, 필요한 것들을 유연성 있게 해나가면 된다. 디자인, 콘텐츠 형태, 색깔 등 다양하게 시도해보자. 고객의 반응을 살펴보고 계속 업그레이드하자. 또한 콘텐츠 만드는 속도를 높여야 하기에 '최적화' 측면을 놓쳐서는 안 된다. 칸바(Canva)나 미리캔버스(MiriCanvas) 같은 디자인 플랫폼 활용법을 꼭 익혀두자.

셋째, 콘텐츠의 조회 수에 집착하지 말자

조회 수가 의미 없다는 것이 아니다. 단지 조회 수는 마케팅 프로세스 중 하나의 유의미한 지표일 뿐이다. 우리는 결국 매출을 올려야 한다. 로컬마케팅의 마지막 관문은 손님이 내 가게를 방문하여 제품과 서비스를 구매하는 것이다.

로컬마케팅의 과정에서 간단하게 흐름을 보자면 3단계로 나눌 수 있다. **[노출 → 유입 → 전환]**이다. 수많은 알고리즘 속에서 사람들이 내 콘텐츠를 발견하고 보게 되는 것이 '노출' 단계다. 콘텐츠를 보고 내 계정에 들어와서 프로필도 보고, 게시물도 보고 탐색을 하는 과정이 '유입' 단계다.

아직 이 단계에서 매출은 발생하지 않는다. 내 브랜드에 신뢰도를 갖고 프로필 링크를 타고 들어와서 네이버 예약을 하거나, 유선 전화로 문의 후 내 가게에 방문하여 소비 활동을 하는 것이 '전환' 단계다.

그렇다면 어떻게 콘텐츠 조회 수를 높여야 할까? **[노출 → 유입 → 전환]** 과정에서 단계별로 전환율을 높여야 할까? 답은 나왔다. 물론 조회 수가 높으면 최종 진환지표도 비례하여 싱승할 확률이 높아진다. 그러나 '조회 수 자체가 절대적인 지표는 아니라는 것'이다.

사실 노출을 늘리는 가장 효과적인 행위는 '유료 광고'다. 메타 광고나 당근 광고 등을 집행해서 빠르게 트래픽을 올리는 게 상대적으로 쉽다. 후킹 문구를 잔뜩 써서 클릭률도 비약적으로 늘릴 수 있다. 자본을 많이 투입하면 조회 수 자체는 일시적으로 올릴 수 있다는 말이다. 그러나 콘텐츠의 진정성이 떨어지고, 복사 붙여넣기 식의 메시지라면 이탈률이 증가하며, 종국의 전환지표는 상승하지 않는다.

한 사람이라도 내가 의도한 마케팅 설계도로 움직여서 최종적으로 전환되는 것이 중요하다. 나의 1차 콘텐츠를 보고 호기심을 느껴서 2차 콘텐츠로 넘어오고, 신뢰도와 호감도가 올라가서 3차 콘텐츠로 넘어오고, 최종적으로 브랜드 가치를 인지해서 구매까지 넘어오는 일련의 과정을 잘 분석해보자. 따라서 조회 수에 너무 집착하지 말자. 다만 관련 데이터와 지표들을 항상 유심히 분석하자.

(3) 로컬마케팅 인스타그램 실전 운영 3요소

내가 직접 운영을 하든, 마케팅 대행을 하든, 직원에게 업무를 지시하든 인스타그램 계정 운영에 있어서 큰 흐름을 아는 것이 중요하다. 크게 '프로필 세팅, 콘텐츠 업로드, 유저 상호작용' 3가지로 구분할 수 있다. 프로필 세팅은 초기에 많은 고민을 해야 하지만, 최적화가 되면 신경을 덜 써도 된다. 그렇지만 전환 효과를 극대화하기 위해서 주기적으로 예리한 칼날로 다듬어 주는 것이 중요하다.

■ 프로필 세팅

인스타그램 프로필은 온라인 명함이다. 잠재고객이 릴스 알고리즘 또는 메타 유료 광고를 타고 내 계정에 들어와서 나의 브랜드와 처음으로 마주치는 곳이다. 첫 대면에서 나의 정체성을 명확하게 보여주는 것이므로 너무나도 중요하다.

잠재 소비자는 이 계정의 주인은 누구인지, 나는 이 계정에서 무엇을 얻을 수 있는지를 10초 안에 파악한다. 프로필 세팅에 관련한 가장 기본적인 내용을 살펴보고, 내 계정에 적용해보자.

① 프로필 사진 설정

프로필 사진은 나의 이미지가 보이는 사진으로 설정하는 것이 가장 좋다. 소상공인, 자영업자의 경우 운영자/대표 자체가 브랜드이기 때문에 본인의 사진으로 설정하는 것이 신뢰도 확보 측면에서 가장 유리하다. 얼굴 노출이 어색하다면 캐릭터를 활용할 수도 있다.

브랜드의 경우, 브랜드를 상징하는 로고나 아이콘으로 설정할 수도 있다. 브랜드 정체성을 보여주는 색깔이 있다면 더욱 좋다. 직관적으로 눈에 띄는 사진을 기억하자. 프로필 사진을 제대로 찍거나, 로고 제작에는 적절한 비용을 투자할 필요가 있다.

② 아이디와 이름 설정

나의 정체성이나 브랜드명/브랜드 슬로건에 기반해 아이디를 설정하는 것이 잠재고객들에게 브랜드 각인 효과를 극대화할 수 있다. 아이디는 영문으로만 가능한데, 아무 의미가 없는 단어보다는 내 브랜드명이나 슬로건과 일치하는게 좋다. 부르기 쉽고 너무 길지 않은 것이 아이디를 추천한다.

이름을 설정할 때 중요한 것은 나와 연관된 단어들을 함께 배치하면 인스타그램에서 검색 시 내 계정이 노출될 확률이 높아진다는 점이다. 나 같은 경우, 마케팅이라는 분야는 너무 넓고 포괄적이어서(경쟁도도 높아서) '로컬마케팅'이라는 키워드 한 가지로 좁혀서 프로필에 기입하였다. 노출되는 이름과 동시에 기억되고 부르기 쉬운 아이디를 작성하자.

③ 프로필 문구

잠재고객이 내 계정에 들어와 팔로우하는 등의 전환을 위해서 가장 중요한 부분이 프로필 문구다. 앞서 얘기했던 부분인데, 잠재고객은 내 계정에 무엇을 얻을 수 있는지를 직관적으로 판단한다. 대부분의 인스타그램 비즈니스 계정들의 프로필을 보면 업종별로 상투적인 문구를 사용하고 있다.

그렇다면 무엇을 어떻게 다르게 해야 할까? 예를 들어보겠다. 〈쉽고 효과 좋은 홈트레이닝을 알려주는 유지어터〉보다 〈바쁜 엄마를 위한 세상에 제일 쉬운 틈새 운동을 알려주는 다이어터〉 또는 〈오로지 집콕 홈트로 −20kg 감량한 다이어트 꿀팁 저장소〉가

더 직관적으로 의미가 전달된다.

내 브랜드 수식어의 주어나 목적어, 즉 대상을 다른 브랜드로 바꾸어도 말이 된다면 평범한 것이다. 다른 사람들이 따라할 수 없는 나만의 고유한 키워드를 만들어내는 것이 마케팅의 차별화 포인트다. 나만의 필살기 한 단어, 한 문장을 꼭 만들어보자.

※참고. 프로필 세팅 예시

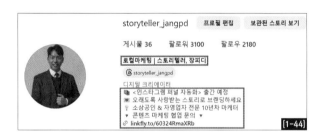

▶이름(검색 키워드)

로컬마케팅 | 스토리텔러, 장피디

▶최근 공지 & 홍보 내용

〈인스타그램 퍼널 자동화〉 출간 예정

▶브랜드 슬로건

오래도록 사랑받는 스토리로 브랜딩하세요

▶가치입증/경력사항

소상공인 & 자영업자 10년차 마케터

▶비즈니스 소개 & 전환 링크

리틀리 외부 링크 삽입

■콘텐츠 제작

콘텐츠 제작 이전에 기본적으로 인스타그램이 어떤 지표를 중요하게 생각하는지를 잘 알아야 한다. 앞서 얘기했지만, 유저 상호작용이 가장 중요하다. 인스타 계정의 팔로워가 자연스럽게 늘어나기 위해서는 내 콘텐츠가 나를 팔로우하지 않은 사람들에게도 많이 노출되어야 한다. 개별 콘텐츠의 인사이트는 개인 계정을 비즈니스 계정이나 크리에이터 계정으로 변경하여 볼 수 있다.

인스타그램의 알고리즘상 내 콘텐츠가 업로드되면, 1차로 도달한 사람들에게 유의미한 반응을 받는 게 중요하다. 그래서 나를 팔로워 해주는 사람이 실제로 내 콘텐츠를 소비해줄 사람이어야 한다.

■콘텐츠 반응도

내 콘텐츠에 전혀 관심이 없다면 절대 반응하지 않을 것이다. 여기서 반응이란 대표적으로 좋아요, 저장, 댓글, 공유하기 등이 있다. 1차로 콘텐츠를 소비한 사람들의 반응이 좋다면 비 팔로워들에게도 콘텐츠를 노출해준다. 콘텐츠 자체의 퀄리티도 매우 중요하겠지만, 내 주제와 관련이 있는 사람이 팔로워해야만 한다.

내 반응을 해줄 수 있는 사람과 팔로우 관계를 맺고 소통을 하는 것은 매우 중요하다. 사실 처음 인스타그램으로 성장하는 단계에서 이미 그 계정의 성장 여부는 정해졌다고 생각한다. 애초에 어뷰징을 사용하여 인스타 계정을 키우게 되면, 앞서 언급한 알고리즘의 수혜를 받을 수가 없다.

내 계정의 반응도를 체크할 수 있는 사이트를 추천한다.

[https://phlanx.com/engagement-calculator]

위의 사이트에 접속하여 내 인스타그램의 계정 아이디를 입력하면, 내 계정의 반응도가 어느 정도 되는지 체크할 수 있다. 3~5% 사이라면 꽤 높은 반응률이라고 볼 수 있다.

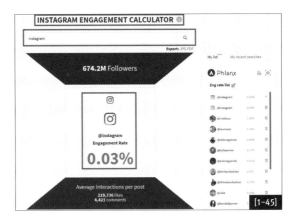

■릴스 인사이트 분석

인스타그램의 릴스 인사이트 분석을 통해서 각 릴스의 도달 범위, 참여도, 저장률 등을 파악할 수 있다.

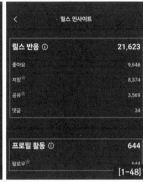

[1-46]
[1-47]
[1-48]

다음은 릴스에서 꼭 알아야 할 4가지이다.

① **도달한 계정 대비 콘텐츠 반응도(릴스 반응)와 프로필 활동을 체크해보자.** 저장이나 공유를 많이 받았는지, 최종적으로 팔로우로 이어졌는지 등을 확인할 수 있다.

② **릴스 반응도 좋아요, 댓글, 저장, 공유를 높이기 위한 전략은 각각 달라야 한다.** 예를 들면, 큐레이션 콘텐츠나 따라 하기 좋은 콘텐츠는 저장을 유도하기 좋고, 시의성이 있거나 인사이트가 풍부한 콘텐츠는 공유를 유도할 수 있다.

③ **프로필에 계정의 정체성이 잘 드러나야 한다.** 그래야만 프로필에 들어와서 팔로우까지 전환율이 높아진다. 프로필을 꼼꼼히 점검해보자.

④ **릴스는 다시 보기 항목이 중요하다.** 체류 시간이 늘어나기 때

문이다. 만약 초보자라면 릴스 영상 시간을 7초에서 15초로 짧게 가는 것이 좋다. 2번 이상 볼 수 있도록 컷 편집을 타이트하게 하거나 속도를 빠르게 만드는 것도 방법이다.

※참고. 릴스 관련 용어

*도달한 계정 : 릴스 재생 여부와 관계없이 한 번 이상 화면에 내 릴스가 표시된 고유 계정 수

*릴스 반응 : 릴스의 '좋아요, 저장, 댓글, 공유' 수에서 '좋아요 취소, 저장 취소, 삭제된 댓글' 수를 뺀 값

*프로필 : 사람들이 내 릴스에 참여한 후 내 프로필을 방문할 때 취하는 행동 수

*팔로우 : 나를 팔로우하기 시작한 계정 수

■콘텐츠 스타일

계정 운영자들이 가장 많이 고민하는 부분이다. '어떻게 하면 내 브랜드의 진정성을 잘 보여줄 수 있을까?'에 대한 고민을 끝없이 하는 게 중요하다. 그리고 그 결과물(콘텐츠)에 대한 고객의 반응을 지켜보면서 계속 수정 보완하면 된다. 몇 가지 사례를 보여주면 다음과 같다. 고객사(병원)의 사례지만, 업종 무관하게 적용할 수 있다.

① 잠재고객이 궁금해하는 정보들

고객은 궁금증이 많음과 동시에 구매에 필요하며 적합한 정

보를 찾는 것에 어려움을 느낀다. 이 과정의 시간과 에너지를 줄여준다면, 잠재고객에게 좋은 반응을 얻을 수 있다.

또한, 고민의 해결 과정에서 브랜드에 대한 신뢰도가 상승한다.

② 내부에서 일어나는 실제 과정들

과정을 궁금해하는 고객들이 많아졌다. 어떻게 상품과 서비스가 기획되고 실제 이루어지는지를 보여주는 것이 브랜드의 진정성과 전문성을 투명하게 보여주는 기회가 될 수 있다. 브랜드가 만들어지는 과정과 모습을 보여주자.

그리고 강조하고 싶은 포인트를 자연스럽게 더 부각하자. 겉으로 드러나 있지 않은 곳에서 브랜드의 일관성은 가치가 있다.

③ 구매 고객들의 후기 콘텐츠

가장 강력한 파급력이 있는 콘텐츠라고 생각한다. 그만큼 만들기도 어렵다. 고객들이 참여해야 하는 콘텐츠이기 때문이다. 그렇지만 진정으로 감동한 고객들은 가능할 것이나. 꼭 얼굴이 나오는 인터뷰 형태가 아니어도 좋으니, 카톡 캡처나 음성 등 여러 형태로 고객의 소리를 담아보자. 후기 콘텐츠만큼 강력한 마케팅 효과는 없다.

또한, 후기는 브랜드를 운영하는 사람들의 철학이나 관점, 솔직한 이야기들을 미래의 잠재고객에게 얘기하는 콘텐츠다. 미리 설득하는 개념인데, 이런 콘텐츠들이 쌓이게 되면, 마케팅 레버리지 효과를 누릴 수 있다.

내 브랜드의 상품과 서비스에 대한 직접적인 언급 외에도 배경에 해당하는 다양한 지식과 노하우를 전달하는 것도 중요하다. 잠재고객들을 교육하고 인사이트를 전달하는 콘텐츠를 꼭 시도해보자. 콘텐츠의 형태나 스타일, 편집 방식보다 더 중요한 것은 일관된 브랜드의 메시지와 잠재고객에 대한 진정성을 담는 것이다. 너무 어렵게 생각하지 말고, 당장 시작할 수 있는 콘텐츠부터 만들어보자. 빠르게 만들고 고객과 소통하자.

■유저 상호 작용

앞에서 로컬마케팅의 본질은 '팬을 만드는 것'이라고 말했다. 팬을 만들기 위해서 고객에게 먼저 다가가고 알아가는 과정이 필수다. 그리고 그 관계가 계속 유지되려면 의도적인 노력을 지속해야 한다. 유저 상호 작용의 본질은 소통이다. 초기 인스타 계정을 운영할 때는 50% 이상의 시간까지도 소통에 시간을 쏟아야 한다고 생각한다.

처음에는 의도적으로 하지 않으면 자꾸 잊어버리게 되거나 소홀히 하게 되는 경우도 많다(귀찮다고 안 하는 분들도 많다.). 개인의 스케줄이나 상황을 고려해 아예 고정적으로 일정 시간을 할애하여 소통에만 전념하거나, 이동시간에 짬을 내서 루틴화시키는 것도 좋은 방법이다. 포인트는 의도적으로 소통을 지속해야 한다는 것이다.

'찐팬'을 형성하고 인스타 알고리즘상 초기 반응도를 높이기 위한 맥락도 당연히 중요하지만, 고객(또는 잠재고객)과의 지속적인 소통이 정말 중요한 이유는 (<u>특히 로컬마케팅에서</u>) 소비자(구매자)들의 특성이 명확히 변화하였기 때문이다.

제품과 서비스는 이미 상향 평준화되었다. 유형 차별화의 한계가 온 것이다. 그래서 무형의 가치가 너 중요해졌다. 느낌, 감정, 이미지 등으로 브랜드의 가치를 판단한다. 너무 어렵게 생각하지 말자. 가장 간단한 방법은 친숙함이다. 나와 동떨어진 미지의 브랜드가 아닌, 친구처럼 내 옆에서 함께 성장하는 브랜드를 만들어보는 것이다.

고객과 적극적으로 소통을 하고 때로는 꾸밈없는 날 것의 모습을 보여줄 수도 있다. 게시글이 아니라 스토리나 하이라이트 기능을 활용하여 기존의 게시글 틀에서 벗어나 브랜드의 다양한 모습을 보여줄 수 있다.

■ 찐팬을 만드는 방법

초기에 내 브랜드와 결이 맞는 사람들을 찾는 두 가지 방법이 있다. 이 방법이 꼭 정답은 아니지만, 여러 분야의 계정을 성장시키면서 공통적으로 효과가 있었던 두 가지 방법을 제시하겠다.

첫 번째, 해시태그를 활용한다. 혹자는 해시태그는 이제 인스타그램에서 크게 의미가 없다고 말하지만, 내 생각은 다르다. 해시태그는 특정 분야에 대한 흥미와 관심, 선호도를 묶어주는 유용한 도구이다.

여기서 조금 고민을 해보자면, 해당 키워드가 공급자 중심의 키워드인지, 소비자 중심의 키워드인지 파악해볼 필요가 있다. 현재 해시태그를 검색하면 해당 키워드가 얼마나 사용되었는지 수치가 나오는데, 그 수치가 높다고 해서 해당 키워드가 무조건 유의미하다고 볼 수는 없다.

일부 키워드는 공급자들이나 공급자들의 대행사들이 상투적으로 쓰는 단어라서 검색량이 많이 이 나올 수 있다. 물론 어느 정도 시장성과의 상관관계는 있다. 우리는 경쟁업체가 아니라 우리의 가망고객을 찾아야 한다.

이를 구분하는 방법은 어렵지 않다. 내가 목표하는 키워드를 검색해서 들어가 보면 인기 게시물과 최근 게시물을 조회할 수 있다. 약 2~30개 정도 상위부터 분석해보면 '이 키워드가 공급자 중심인지, 소비자 중심인지' 금방 느낌이 올 것이다.

로컬마케팅의 경우, 지역명, 지하철역, 특정 랜드마크 등 지역 주민들이 자주 사용하는 키워드를 발견하면 잠재고객들을 쉽게 만날 수 있다. 그렇게 해서 소비자 중심의 해시태그를 찾으면, 해시태그 자체를 팔로우해둔다. 홈 피드에 해당 해시태그를 사용하는 사람이 자연스럽게 노출이 되니 그때마다 들어가서 소통을 시작하면 된다.

그리고 해당 해시태그에서 게시글들을 쭉 스크롤 하면서 최근까지 상호작용이 활발했던 계정들에 먼저 친해지는 시간을 갖는다. 처음부터 팔로우를 유도하는 것보다 자연스럽게 칭찬이나 공감을 통해서 접근하는 것이 좋다. 귀찮은 작업일 수 있지만, 인스타그램 초기 성장에 필수적이다. 하루에 3명도 좋으니 나의 찐팬이 될 고객들을 찾으러 가는 시간을 확보해보자.

두 번째, 나와 비슷한 업종이나 가까운 지역의 계정을 운영하는 유저를 찾는다. 상대적으로 시간이 부족한 분들에게 추천하는 방법이다. 그 계정들의 최근 게시물들에 적극적으로 반응하고 있는 유저들과 소통을 시작한다. 소통 방법은 앞서 말한 방법과 동일하다. 내 브랜드와 어느 정도 결이 맞는 잠재고객이라면 성과는 더 빠르게 나올 수 있다.

이렇게 찾아가는 방법을 구사하면서 동시에 릴스를 적극적으로 활용할 것을 추천한다. 팔로워가 아닌 사람에게**(유료 메타 광고는 제외하고)** 빠르게 내 콘텐츠에 도달하는 방법이 릴스다. 초기 반응도의 점수를 잘 받은 릴스가 열심히 신규 잠재고객들의 반응도를 이끌어왔을 때를 놓치면 안 된다.

'좋아요'나 '댓글'의 반응을 보여준 신규 고객에게는 적극적으로 화답하면서 팔로우도 맺고 소통을 진행한다. 그리고 내 콘텐츠에 지속적으로 반응하는 기존 고객과의 소통은 당연하다. 오는 게 있으면 가는 게 있는 것이 인지상정이다.

나의 콘텐츠 확산도가 매우 활발히 일어나서 하루에도 2~30명 이상의 자동 팔로워가 생겨나는 시점까지는 팔로워 수에 상관없이 소통에 일정 시간을 지속 할애하여 투자하는 것을 추천한다. 소비자를 더 잘 이해하고, 이를 반영하여 소비자 중심의 콘텐츠를 더 잘 만드는 데 큰 도움이 될 것이다.

게시물이나 스토리를 만들 때도 설문형을 도입하거나 고객 참여형 콘텐츠를 기획해보자. 쉽고 직관적으로 반응할 수 있는 것이 좋다. 댓글 참여형 콘텐츠를 유도하는 것도 좋다. DM 자동화 프로그램을 함께 활용하면 금상첨화다. 또한, 아직 많은 사람이 활용하지 않지만, 인스타 라이브를 적극적으로 활용해보자. 팬을 직접적으로 만나 소통하며 피드백할 수 있는 기획이다. 본질은 '관계'이고 '소통'이다.

PART
2

인스타그램 퍼널
자동화의 설계

── 노희석 ──

네이버 블로그 이웃 1.6만 계정 운영 중
네이버 인플루언서 (도서 분야) 팬 4,000명
SNS (블로그, 인스타그램) 자동화, 마케팅 전문 컨설턴트
네이버 블로그, 플레이스 마케팅 전문 광고대행사 운영 중
온라인 수익화 커뮤니티 '디노 도서관' 운영자

노희석 블로그   노희석 스레드   노희석 인스타그램

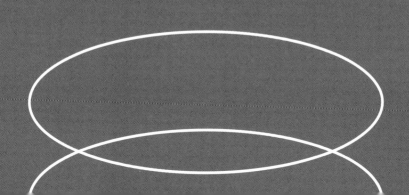

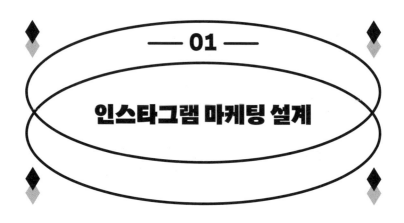

─ 01 ─

인스타그램 마케팅 설계

* * *

2023년 초, 대한민국 마케팅과 비즈니스 업계를 뒤흔든 책 한 권이 출간했다. 바로 러셀 브런슨의 《마케팅 설계자》다. 이 책은 서점에 등장하자마자 단번에 베스트셀러에 등극했다. 사실 '마케팅'이라는 주제 자체는 그다지 대중들이 관심 가질 만한 주제는 아니다. 하지만 돈을 벌려면 마케팅이 필수이기 때문에 꾸준한 수요가 있었다.

마케팅을 못 하는 기업은 매출을 내지 못하고, 당연히 도태될 수밖에 없다. 그런 탓에 매출을 더 많이 내고 싶은 기업이나 개인이 소셜미디어를 하는 것은 어찌 보면 당연하다.

1) 인스타그램 퍼널 구축을 위한 전략 4가지

대한민국의 대표적인 소셜미디어는 '유튜브, 인스타그램, 네이버 블로그'이다. 그런데 나는 3가지 중 하나를 택하라고 한다면

인스타그램 마케팅 자동화

무조건 '인스타그램'이라고 자신 있게 말한다. 왜냐하면, 인스타그램은 유튜브나 네이버 블로그에는 없는 다양한 장점이 있기 때문이다.

우선 인스타그램은 고객들과 직접 소통할 수 있는 라이브 기능이 있다. 물론 유튜브에도 이런 기능은 있지만, 결정적으로 DM(Direct Message)을 보내는 기능이 없다. 인스타그램은 라이브 방송과 DM이라는 도구를 통해 나의 잠재 고객과 맞닿아 즉각적으로 소통할 수 있고, 현장의 목소리를 빠르게 캐치할 수 있는 가장 좋은 소셜미디어다.

마케팅은 이런 작은 소통에서부터 시작된다. 차츰 고객의 목소리가 쌓이면 하나의 시장이 되고, 지속적으로 고객들과 만나 교류를 하는 것이 바로 마케팅이다. 따라서 인스타그램은 많은 고객과 소통할 수 있는 가장 좋은 광장이라고 할 수 있다.

'광장'이라는 표현을 쓴 이유는 단순히 이용자 수가 많아서가 아니라, 하나의 커뮤니티를 형성해서 소통할 수 있기 때문이다. 이 것이 다른 소셜미디어는 갖지 못한 인스타그램만의 장점이다. 이런 점에서 '마케팅 설계'라는 건 얼마나 소통량을 늘릴 것인지에 대한 설계로 이해하면 된다.

인스타그램을 통한 수익화는 고객과의 소통에서부터 시작한다. 그 후로는 4가지 전략을 통해 인스타그램 안에서 퍼널을 구축할 수 있다. 이제 하나씩 살펴보자.

(1) 스토리 기능을 통한 퍼널 구축

인스타그램에는 스토리 기능이 있다. 카드뉴스나 릴스 콘텐츠에는 외부 링크 삽입이 불가능하지만, 스토리에는 외부 링크를 넣을 수 있다. 인스티그램 미케팅으로써 스도리 기능은 가장 효과적인 방법 중 하나다. 단 24시간 이후에 사라진다는 단점이 있어서 후기, 성과, 기록과 같은 사회적 증거나 나의 발자취를 남기고 싶다면 인스타그램 하이라이트에 넣는 것을 추천한다.

[2-1] 스토리와 하이라이트로 퍼널 구축(좌: 당근 자판기/
우: 블라블라 리지팍)

(2) 프로필 링크를 통한 퍼널 구축

인스타그램에는 스토리 외에 프로필에도 링크를 걸 수 있다. 대부분 잠재 고객들은 콘텐츠를 통해서 프로필을 클릭하는 일이 많다. 그렇기에 프로필에는 내가 누군지 알아볼 수 있는 사진을 넣는 것이 선행되어야만 한다. 즉 '내가 누구인지, 이 계정에서 어떤 가치를 줄 수 있는지' 등을 직관적으로 세팅해야 한다.

[2-2] 프로필 링크로 퍼널 구축(엘플랑)

이때 주의할 것은 소비자들이 보기에 어려우면 안 된다. 초등학생도 이해할 수 있는 수준으로, 주요 키워드와 단어를 배치만 해도 빠르게 트래픽을 만들 수 있다. 그다음 나에 대한 정보, 또는 상품과 관련된 링크를 넣어주면 구매 전환율이 올라간다.

만약 내 인스타그램이 공구나 판매를 위한 비즈니스 계정이라면 페이스북 페이지와 연동하여 'Shop' 기능을 추가할 수 있다. 'Shop' 기능에서는 스마트 스토어 연동보다 카페24나 가비아 같은 도메인으로 세팅하는 게 훨씬 쉽다.

(3) 고정 게시물 기능으로 내부 퍼널 구축하기

인스타그램 피드에서는 게시물을 최대 3개 고정할 수 있다. 똑똑한 사업가들은 자신의 브랜드나 상품과 연관된 콘텐츠들을 고정하여 더욱 구매 전환율을 올린다. 대개 사람들은 피드의 왼쪽부터 보는 편이기에 왼쪽에서 오른쪽으로 갈 수 있는 퍼널로 콘텐츠를 세팅하는 것이 좋다.

[2-3] 콘텐츠 고정기능으로 프로필 내부 퍼널 구축(좌: 리치파카/우: 헤릴스)

고정한 콘텐츠들은 잠재 고객들이 가장 먼저 보는 콘텐츠다. 따라서 반드시 자기소개, 나의 성과, 무료 자료, 나눔 이벤트나 유료 상품 소개를 넣는 것이 좋다. 고정 게시물 설계만 잘해도 구매 전환율, 즉 매출은 압도적으로 높아질 것이다.

(4) 공지 채널을 통한 퍼널 구축

인스타그램에는 공지 채널 기능이 있다. 이 기능은 2023년 6월에 만들어졌으며, 크리에이터가 대규모의 팔로워와 실시간으로 소통할 수 있는 일대다 채팅 도구이다. 공지 채널에는 텍스트, 사진, 영상, 음성, 메모, 설문 등 다양한 형식으로 구독자들에게 자신이 하고 싶은 말을 전달할 수 있는 장점이 있다. 또한, 인스타그램에 업로드했던 콘텐츠를 공유할 수도 있어서 콘텐츠 참여도를 높일 수 있다.

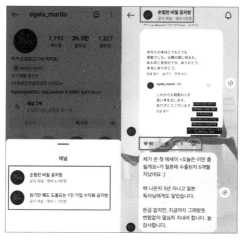

[2-4] 공지 채널 기능으로 퍼널 구축(손힘찬 작가 인스타그램)

그러나 인스타그램은 영향력이 큰 계정 위주로 공지 채널 개설 권한을 주기 때문에 영향력이 크지 않다면 사용할 수 없는 기능이라는 것이 유일한 단점이다. 하지만 정보성 인사이트나 콘텐츠가 아니더라도, 내 상품과 관련된 무료 특강을 홍보하여 제2의 퍼널로 데려갈 수 있다. 만약 할 수 있으면 하는 것이 좋다.

사실 인스타그램은 일반적으로 내 콘텐츠를 접해도 나에 대해서 인지할 확률이 0%에 가깝다. 평소 소통을 해왔던 잠재 고객이 아니기 때문이다. 게다가 요즘은 '3초의 시대'이다. 릴스는 회진율이 높아서 사람들이 지나치다 우연히 보는 경우가 많다. 그래서 '초반 3초'에 내 콘텐츠를 봐야할 이유와 명분을 확실하게 주는게 핵심이다.

* * * * *

비인지 상태를 인지 상태로 전환하기 위해서는 블로그나 오픈 채팅방과 같은 채널로 이동시키는 퍼널을 구현해야만 한다. 인스타그램에서는 정교한 퍼널을 설계하지 않으면 정작 최종 단계에서 구매 전환율이 떨어질 수밖에 없다. 인스타그램 채널 특성상 도달률은 높지만, 휘발성이 강하므로 섬네일과 카피라이팅이 명확하고, 직관적이며, 내 상품과 밀접하게 연관되어야 제대로 매출을 낼 수 있다.

카피라이팅 외에도 비주얼적인 후킹 요소를 넣으면, 내 콘텐츠나 프로필로 접속할 확률이 높아진다. 비인지 상태였던 고객이 나의 콘텐츠를 보고 유입될 때, 바로 그때가 기회다. 앞서 말한 4가지 전략으로 퍼널을 구축해보라. 콘텐츠는 24시간 나를 대신해서 일하기 때문에 축적될수록 들이는 에너지는 적어지지만, 점점 매출이 상승하는 기적을 맛볼 수 있다.

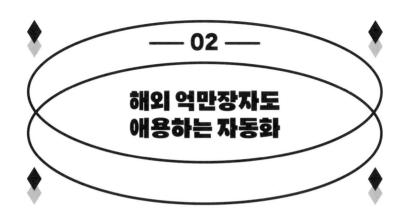

✳ ✳ ✳

인스타그램을 이제 막 시작한 분들이 가진 고민이다.

'팔로워 수가 적어서 바로 모객이 힘들어요.'

'콘텐츠를 열심히 올려도 조회 수가 늘지 않아요'

'매일 소통은 하고 있지만, 품이 너무 많이 들어가서 힘들어요. 계속 이렇게 해야 할까요?'

현실적으로 본업이 있는 사람은 매일 꾸준한 루틴으로 인스타그램 콘텐츠 업로드와 소통을 병행하기가 어려운 것이 사실이다. 당연히 이런 상황에서 어떻게 효율적으로 인스타그램을 운영할지 고민될 것이다. 그럴 때 필요한 것이 바로 '자동화'이다.

1) 메타 광고가 필요한 이유

앞 장에서 '콘텐츠는 24시간 나를 대신해서 일한다'라고 말했다. 그런데 이런 시스템을 만들기 위해서는 효과를 볼 때까지 콘텐츠를 쌓아야 한다는 전제조건이 붙는다. 내가 운영하는 계정의 주제, 콘텐츠 방향성, 콘텐츠 제작 실력, 소통 능력, 브랜딩 정도에 따라 성장의 속도는 제각각 다르다. 따라서 기반이 아예 0인 상태에서는 현실적으로 지금 당장 콘텐츠를 통한 퍼널을 만들기가 힘들다.

그렇다면 콘텐츠 수가 없거나 적은 사람들은 인스타그램을 통한 마케팅을 포기해야 할까? 결론부터 말하자면 아니라고 이야기하고 싶다. 바로 '메타 광고'가 있기 때문이다. 메타 광고는 돈이 들기 때문에 사람들이 꺼리는 경향이 있다. 그러나 메타 광고는 가장 빠르게 성과를 측정할 수 있는 동시에 자동화 마케팅을 쉽게 구현할 수 있는 효과적인 방법이다.

해외 저명한 인사들도 메타 광고를 통해 모객을 한다. 1,000억 원 규모의 마케팅 플랫폼 기업 클릭퍼널스의 CEO이자 《마케팅 설계자》의 저자 러셀 브런슨(Russel Brunson), 5,000억 규모의 기업 가치를 지닌 킹콩 마케팅의 CEO 사브리 수비(Sarbri Suby), 5년 만에 1,000억을 번 사업가이자 자기계발 강사 알렉스 홀모지(Alex Hormozi), 해외 수백억 사업가이자 상위 1% CEO들의 멘토 간다 마사노리(Kannda Masanori) 등이 있다.

[2-5] 러셀 브런슨의 인스타그램 채널

이렇게 엄청난 영향력이 있는 그들이 메타 광고를 하는 이유는 무엇일까? 실제로 러셀 브런슨은 137만 이상의 팔로워를 보유하고 있는데(2024년 1월 기준), 대형 채널을 보유한 러셀 브런슨도 메타 광고로 모객 활동을 하고 있다. 콘텐츠가 24시간 나를 대신해서 일하듯, 광고도 나를 대신하여 24시간 홍보를 도와주는 것이다.

[2-6] 러셀 브런슨의 유료 광고 소재

2) 메타 광고를 통한 모객과 수익화

실제로 매출을 잘 내는 기업들은 콘텐츠 마케팅보다 광고에 목숨을 건다. 그럼 왜 무료 콘텐츠 마케팅이 아닌 돈이 들어가는 메타 광고를 선호할까? 훨씬 더 효율성이 좋기 때문이다. 하지만 소셜미디어만 사용했던 사람은 돈을 내고 광고를 한다는 게 익숙하지 않을 것이다.

실정은 메타 광고를 통해서 빠르게 테스트를 하는 방식이 마케팅의 대세로 떠오르고 있다. 즉 지금 메타 광고를 모른다는 것은 경쟁에서 뒤처지겠다는 말과 같다. 국내에도 이런 방식으로 마케팅을 하여 수익을 만드는 사례가 비일비재하다. 물론 유명한 사업가들과 인플루언서들도 예외는 아니다.

유명한 사업가들의 사례를 먼저 보겠다. '트렌드헌터(정영민)'는 26만 이상의 구독자를 보유한 유튜브 채널을 운영하고 있다. 그런데도 인스타그램에서 광고를 돌리고 있다. 흔히들 26만 채널이면 유튜브 하나만으로도 대박이 날 것이라고 생각하는데, 실제로는 그렇지 않다. 아무리 구독자나 팔로워가 많아도 제대로 된 퍼널이 세팅되지 않으면 실질적인 매출로 이어지지 않는다.

매출을 잘 내는 기업들은 기존 고객을 상대로 판매와 함께 신규 트래픽을 창출하려는 마케팅 전략을 구사하고 있다. 대부분의 기업들은 유료 광고를 통해 신규 고객을 유치하는 비중이 크다. 그렇게 해야 자동화 수익을 매달 안정적으로 만들어 낼 수 있기 때문이다.

[2-7] 송진주 강사의 메타 광고 퍼널

송진주 강사의 사례도 비슷하다. [2-7]을 보면 광고 소재를 만든 후에 카드뉴스의 형태로 광고를 돌리는 것을 알 수 있다. '더 알아보기'를 클릭하면 자신의 웹사이트로 이동하게 되고, 그 안에서 블로그로 이동시키는 구조의 퍼널을 만든 것이다. 이런 식으로 세팅하면 진짜 니즈가 있는 사람만 오기 때문에 더 수월하게 자신의 상품이나 서비스를 판매할 수 있다.

[2-8] 팜피디의 메타 광고 퍼널

인플루언서들도 마찬가지이다. 아무리 영향력이 10만, 100만 이어도 신규 고객 창출을 위해서는 메타 광고가 필수적이다. 이것은 지식창업에만 국한되는 것이 아니다. 내가 온라인에서 수익화를 할 것이라면 반드시 해야 하는 것이 '메타 광고'이다. 다음 자료들을 보면 다양한 광고 소재의 사례들을 볼 수 있다.

[2-9] 광고 소재 사례1(좌: 유어셀린/우:다산북스)   [2-10] 광고 소재 사례2(좌:월북출판사/우:올리버 여행기)

[2-11] 광고 소재 사례3(좌: 손힘찬 작가/우:마인드
마케팅 스쿨)

이렇게 많은 사업가와 인플루언서가 광고를 통해서 수익화를
하고 있다. 그러나 대부분의 사람들은 위 사례와 같은 영향력을
갖추지 못했을 것이다. 그래서 시간을 갈아 넣어 인스타그램을 성

장시켜야 하는데, 이런 방법은 꽤 긴 기간을 잡아야 한다. 사실 일반인이 콘텐츠를 꾸준히 쌓는다고 해서 인플루언서가 될 확률은 희박하다.

그렇기에 내가 만약 유명하지 않아도 바로 수익을 내고 싶다면 반드시 유료 광고를 사용해야 한다. 단언하건데 인스타그램에 존재하는 수많은 잠재 고객들을 빠르게 모객할 수 있는 유일한 방법은 메타 광고다.

3) 메타 광고 실행하기

유료로 메타 광고를 돌리기 위해서는 먼저 페이스북 페이지가 필요하다. 페이스북 페이지는 페이스북 계정이 있어야 만들 수 있다. 만약 기존에 운영하던 페이스북 계정이 있다면, 기존 계정으로 활동하는 것이 좋다.

초보자들도 쉽게 광고를 세팅하는 법은 다음과 같다.

① 페이스북 페이지를 생성하기

② 광고 관리자에 가입하기

③ 계정 세팅하기

  (프로필 사진, 연락처, 배경 사진 등 정보 채우기, 인증하기)

④ 2주 동안 실제 사용자처럼 꾸준히 활동하기

  (페이스북 계정은 매일 게시글 5개, 댓글 5개, 좋아요 15개 이상 넣어 준다. 페이지는 매일 카드뉴스 1개 이상 발행하면 된다. 단 어뷰징에 걸리지 않게 띄엄띄엄 활동하는 것이 좋다.)

⑤ 광고 관리자 가입하기

⑥ 광고 소재와 카피라이팅 만들기

⑦ 광고 세팅 후 집행하기

　(최소한 광고 소재 3개로 돌린 후 1주일 후에는 가장 효율이 좋은 것 1개로 광고 예산을 측정한다)

※ 참고로 이 방식은 초보들을 위한 전체적인 가이드라인일 뿐, 절대적인 정답이 아니다. 직접 광고를 해보면서 감을 찾아야 한다.

이런 과정과 방식으로 자동화 퍼널을 만든다면 24시간 내가 일하지 않아도 내가 의도한 트래픽을 한 곳에 모을 수 있다. 그리고 내가 팔 상품만 있다면 무조건 수익화가 가능하다. 광고를 통해 유입된 잠재 고객들은 광고 소재를 보고 반응한 것이다. 즉 광고와 관련된 상품이라면 더 쉽게 구매할 확률이 높다.

진정한 인스타그램 퍼널 자동화란 저절로 모객이 되는 것을 뜻한다. 고객이 콘텐츠나 광고를 통해 자발적으로 내가 설계한 퍼널에 들어오게 만드는 것이 '인스타그램 마케팅 자동화'의 본질이다.

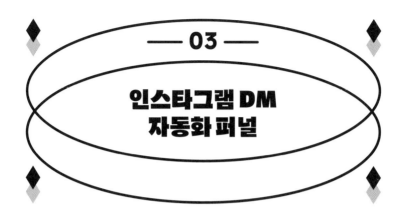

— 03 —

인스타그램 DM 자동화 퍼널

* * *

인스타그램만으로 1년에 N억 대의 돈을 버는 사람들을 보면 어떤 생각이 드는가? '와, 저게 가능해?'하며 부러워할 것이다. 물가는 상승해도 내 월급은 그대로인 요즘 세상, 사람들은 온라인 세상으로 눈을 돌린다. 어쩌다 보니 누가 설계해놓은 퍼널에 여기저기 이끌려 무료 특강들을 듣게 된다. 그러면서 온갖 후킹이 난무하는 홍보 글까지 보는 것이 현재 강의 시장의 생태계다. 요즘 유행하는 후킹 중 하나는 '마케팅 자동화'이다.

이번 챕터에서는 인스타그램 DM을 통한 자동화 마케팅의 시작부터 실제 구현까지 다뤄보겠다.

1) 마케팅 자동화, 꼭 필요할까?

온라인으로 돈을 벌고 싶은 사람에게 마케팅 자동화는 필수적이다. 오프라인에서는 면대 면으로 사람을 상대하지만, 온라인에서는 불특정 다수의 모르는 사람들을 상대해야 해서 한 명, 한 명에게 일일이 감정과 에너지를 쓰기가 힘들다. 아울러 내 아이템으로 돈을 버는 게 목적임에도 사소한 업무에 정신을 뺏기면서 정작 내 콘텐츠를 만들지 못한다. 그렇기에 내 일에 오로지 집중하고자 하는 사람들을 편하게 하는 '마케팅 자동화'를 찾는다.

사람들이 마케팅 자동화를 쓰는 이유는 '쓸데없는 일에 쓰는 시간을 줄여 주는 것'과 '업무의 생산성과 효율성을 높여주는 것'이다. 물론 마케팅 자동화는 그 자체만으로 아무 의미가 없다. 반드시 플랫폼 내의 트래픽과 결합될 때 비로소 의미 있는 결과물을 만들 수 있다. 그러므로 인스타그램에서 어느 정도의 영향력을 만드는 것이 우선시 되어야만 한다.

그러나 현실적으로 당장 모객해야 하는데 팔로워가 적은 상황에 있을 수도 있다. 이때는 앞서 말한 것처럼 인스타그램 광고 기능을 통해서 빠르게 노출량을 늘리는 방법이 있다. 대부분의 사업가들은 기본적으로 (의도했던, 의도하지 않았던) 트래픽을 만든 상태에서 퍼널을 설계한다.

즉 잠재 고객을 유효 고객으로, 유효 고객을 구매자로 만들어 수익을 내는 구조다. 한국인들은 빨리 일을 처리하려는 경향이 있어서 '자동화'라는 단어에 더 잘 반응하는 듯하다. 하지만 제대로 퍼널을 세팅하지 않는다면 오히려 없는 것만 못하다.

실제로 마케팅 자동화를 잘못 구현한 사례를 하나 소개하겠다. 2023년 11월에 Y 대표님의 강의를 홍보해 준 적이 있다. 그런데 랜딩페이지 사이트와 문자 연동이 잘못되어 한 사람에게 문자가 10통씩 전송된 불상사가 발생하고 말았다. 자동화는 잘 쓸 때만 생산성적인 면에서 효율적으로 변한다.

결과적으로 Y 대표님의 강의 전체 접수자는 500명 가까이 되는데, 안내 문자가 일부 사람들에게만 몰아서 갔기에 강의 시간인 9시에 접속한 사람은 10명도 되지 않았다.

이런 상황에서 Y 대표님은 다급히 나에게 전화 연락을 했다. "지금 무료 강의에 10명도 접속하지 않았어요…" 연락을 받고 나는 직감적으로 눈치챘다. '아, 어딘가가 꼬였구나.' 나는 바로 줌 링크를 여기저기 뿌리기 시작했다. 여러 명의 대표님과 조인트를 한 덕분에 다행히도 200명이 줌 강의에 참여할 수 있었다.

본인이 온라인 수익화 초반 단계라면 복잡한 자동화 퍼널을 세팅하면 안 된다. 왜냐하면, 위와 같은 사례가 발생할 수 있기 때문이다. 처음부터 거창한 랜딩페이지를 만들기보다는 인스타그램에서 내 커뮤니티로 보내는 단순한 퍼널로 세팅을 해야만 한다.

1인 기업가 '디노아트' 계정도 내가 판매할 상품과 연관된 콘텐츠를 먼저 제작한 후, 매니챗을 연동시켜 DM을 통해 내 커뮤니티로 고객들을 보낸다. 처음 마케팅을 시작할 때는 무조건 모객을 쉽게 해야 한다. 마케팅이 어려우면 상품을 고객들에게 보여주기 전에 포기하기 때문이다.

2) 페이스북과 연동하기

인스타그램 DM 자동화 시스템을 만들기 위해서는 '인스타그램 계정'은 기본이다. 그리고 인스타그램 계정과 연동된 '페이스북 페이지'가 있어야 매니챗을 시작할 수 있다. 그러면 기본적인 매니챗 시작을 위한 준비는 끝난 것이다. 네이버나 구글과 같은 포털 사이트에서 '매니챗', 'Manychat'을 검색하면 아래와 같은 화면이 나온다.

[2-12] 구글에서 매니챗을 검색한 결과 화면

그다음 'Get Started'를 클릭하면 연동 가능한 화면이 나오는데, 여기서 'Instagram'을 선택하면 된다. 그러면 '페이스북에서 로그인하라'라는 안내가 나온다. 만약 연동되지 않았다면 먼저 내 페이스북과 운영 중인 인스타그램 계정을 연결해주는 작업부터 해야 한다.

다음 자료를 참고하여 순서대로 하면 쉽게 매니챗을 시작할 수 있다.

[2-13] 매니챗에 접속했을 때 첫 화면

[2-14] 매니챗과 연동할 채널 선택 화면

[2-15] 매니챗에 접속했을 때 첫 화면

페이스북까지 연동을 완료했다면 매니챗에 정상적으로 가입되었을 것이다. 이제 여기서부터 본격적인 퍼널을 만들 준비가 되었다. 매니챗을 통한 인스타그램 DM 자동화는 스토리를 통한 리드 생성, 콘텐츠를 통한 리드 생성, DM을 통한 이메일 목록 구축 기능이 있다.

일반적으로 쓰이는 기능은 릴스나 키드뉴스를 업로드한 후 댓글을 달게 하여 DM 자동화로 연결시켜 내가 원하는 웹사이트나 타 플랫폼 등으로 향하게 만드는 형태를 많이 사용한다.

3) DM 자동화 세팅하기

인스타그램 DM 자동화를 하는 방법을 순서대로 알려주겠다. 초보자도 쉽게 따라서 할 수 있으니 부담 가질 필요는 없다.

① 매니챗 첫 화면에서 **'Show off your site to new visitors'**를 클릭한다.

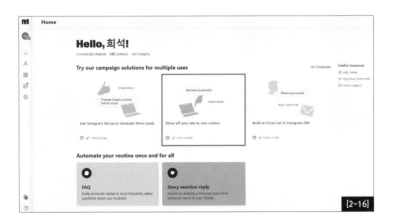

② 그다음 **'Set Up Template'**을 클릭한다.

인스타그램 마케팅 자동화

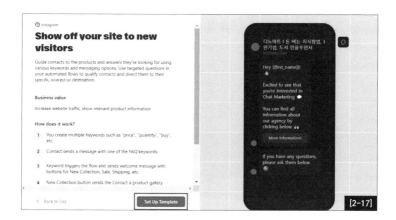

[2-17]

③ 그다음 '**When**' 섹션과 '**Send Massage**'를 세팅하고, '**Set Live**'를 클릭하여 DM 자동화를 가동한다.

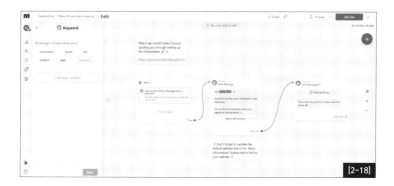

[2-18]

세팅에 대한 더욱 자세한 내용은 오른쪽 **QR 코드**를 클릭하면 매니챗에서 Automations 기능으로 인스타그램 DM 자동화 퍼널을 만드는 장면을 볼 수 있다.

실제로 국내외 가릴 것 없이 매니챗을 제대로 활용한 사람들은 매출을 기하급수적으로 올리고 있다. 단 전제조건은 기본적으로 콘텐츠를 소비할 팔로워를 일정 수준 이상 갖춰야만 점점 댓글 반응을 많이 얻으면서 인스타그램 알고리즘 점수를 받게 된다는 점이다.

이것은 꼭 지식창업에만 국한되는 퍼널이 아니다. 실제로 유형의 상품도 매니챗 DM 자동화를 통해 퍼널을 구현하여 판매할 수 있다. 해외에서 유명한 리빙 주제 69만 팔로워 계정인 'ourpnw_home'에서는 글마다 매니챗을 걸어서 자신의 가게나 상품을 사람들에게 홍보하고 있다.

[2-19] ourpnw_home 계정의 게시물 중 매니챗을 통한 DM 자동화 예시

이렇게 내가 영업하지 않고서도 이미 짜인 자동화 퍼널 시스템으로 나의 시간과 에너지를 기하급수적으로 높일 수 있다. 인스타그램으로 내가 상품을 판다면 지금부터는 반드시 매니챗을

통한 DM 자동화로 나의 시간을 아끼고, 그 시간에 다른 일을 해서 매출을 끌어올리는 것이 현명하다. 이렇게 자동화 세팅만 잘하면 사업가라면 다른 수익 모델에 집중할 수 있고, 직장인이라면 부업에 더 집중할 수 있다.

[2-20] 사람들이 댓글을 단 예시(DM 자동화를 통한 행동 유도)

처음에는 어려울 수도 있다. 하지만 꾸준히 매니챗을 사용하면서 습득하면 자동화 퍼널 구현은 누구나 쉽게 할 수 있다. 새로운 툴이라고 겁먹을 필요가 전혀 없다. 자동화 퍼널을 한 번 세팅해보고, 단 한 번이라도 그것을 통해 마케팅 효과를 본다면 안 할 이유가 전혀 없을 것이다.

나의 사업이나 부업의 영역에서 퀀텀 점프(Quantum Jump)를 하는 방법이 궁금하다면, 먼저 자동화 퍼널을 구축해야만 한다. 그 상태에서 내 상품이나 서비스의 본질을 업그레이드하면 적어도 현재 매출의 2~3배 이상 늘어날 것이라고 확신한다.

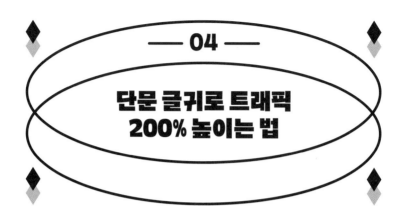

04

단문 글귀로 트래픽 200% 높이는 법

* * *

하루에도 인스타그램에는 수많은 콘텐츠가 업로드된다. 인스타그램은 실사용자가 10억 명을 돌파할 정도로(2018년 6월 기준) 10년 넘게 꾸준히 사랑받는 플랫폼이다. 그렇게 된 대표적인 이유는 간편하게 콘텐츠를 생산할 수 있어 진입장벽이 낮고, 다른 플랫폼보다 쉽게 소통할 수 있기 때문이다.

'소통을 할 수 있다'라는 건 '내 콘텐츠에 대해서 평가할 수 있다'라는 의미다. 칭찬과 감사의 댓글은 물론 비판과 불만족 등의 댓글이 나의 콘텐츠와 상품, 브랜드에 대한 거울이 되기도 한다. 즉 소통이 편리하다는 장점도 있지만, 반대로 그만큼 단점도 존재하기 마련이다.

그러나 단점이 존재한다고 해서 소통에 소극적일 필요는 없다. 인스타그램은 소통을 통해 매출을 끌어올릴 수 있는 확실한 장점이 있으므로, 이런 장점을 활용하지 않는다는 건 어쩌면 나만 불

인스타그램 마케팅 자동화

리한 게임을 하는 것과 같다. 중요한 건 '소통'은 내가 어느 정도 통제할 수 있는 영역이라는 것이다.

1) 카피라이팅 능력의 중요성

소통하기 위해서는 기본적으로 콘텐츠가 필요하다. 아무런 콘텐츠가 없으면 소통 자체가 이루어질 수 없다. 핵심은 콘텐츠에 담긴 문구나 글귀를 통해 소통 거리가 제공된다는 것이다. 온라인에서 수익화를 빠르게 달성한 사람들을 분석한 적이 있다. 그들의 공통점을 살펴보니 모두 '글쓰기' 하나만큼은 뛰어났다.

여기서 글쓰기는 시나 소설 같은 문학적인 글쓰기가 아닌 비즈니스적으로 성공하는 글쓰기이다. 글쓰기가 비즈니스 용도로 사용되는 시점부터는 '고객을 어떻게 설득해야 하는지'의 관점으로 글을 쓸 수밖에 없다. 그래서 마케팅 책들이 인간 심리에 대해 다루는 내용이 많다. 구매하는 주체가 사람이기에 무의식적으로 사람들을 유혹하는 문구를 만들어야 내 콘텐츠가 선택받을 수 있다.

내가 아무리 좋은 내용을 담았다 한들, 내 콘텐츠를 소비자들이 선택하지 않으면 아무 의미가 없다. 각종 섬네일과 카피라이팅에 자극적인 문구를 쓰는 것도 그런 이유에서다. 그러나 지나친 과장과 허위를 토대로 문구를 만들면 지금 당장은 이득을 보는 것 같아도 트래픽이 많아지면 많아질수록 의혹 제기는 피하기 힘들다.

따라서 카피라이팅은 지나가던 사람들이 멈출 수 있을 정도의 수위면 충분하다. 사람을 잠깐이라도 멈추게 할 만큼의 후크 (Hook)면 트래픽을 만드는 데 아무 문제가 없다. 나 역시 1년 만에 3,000명 이상의 커뮤니티를 만들었던 이유의 근간은 바로 사람의 마음을 움직이는 문구를 잘 세팅했기 때문이다.

내가 1인 지식창업을 하면서 느끼는 것은 내가 의도한 목표를 글로 잘 녹여내는 능력이 매우 중요하다는 점이다. 매력적인 간판의 역할을 하는 카피라이팅으로 이목을 집중시키고, 내가 의도한 퍼널로 데려오는 전략을 통해 최종 웨비나(온라인 세미나, 강의)에 참석시키는 것이 수익화를 위한 기본 테크트리이다.

웨비나 구성과 준비, 세일즈는 그다음의 영역이다. 아무리 강의를 잘하고, 세일즈를 잘한다고 해도 초반 문구에서부터 사람들을 데려오지 못하면 다음 단계부터 진행이 불가하다. 그렇기에 1초 만에 보고 반응할 수 있는 카피라이팅을 쓰는 건 모든 사업가와 마케터들에게 필요한 능력이다.

2) 카피라이팅 키워드 10가지

글을 오랫동안 써오지 않은 분들은 어떻게 글을 써야 할지에 대한 의문이 있을 것이다. 사람들에게 선택받는 글쓰기를 해야 하는 건 알고 있지만, 글쓰기에 익숙하지 않아서 어렵게 느껴질 수밖에 없다. 이를 기본 바탕으로, 단문 글귀만으로도 트래픽을 200% 높이는 방법을 소개하겠다.

앞으로도 변하지 않을 인간 심리에 기반한 '카피라이팅 10가지 키워드'를 소개한다.

① 숫자 삽입형 키워드

월 300 버는 / 1주일 만에 끝내는 / 2가지 방법 / 3 Step / 프로세스 5단계

② 타깃 삽입형 키워드

육아맘, 경단녀도 / 20대 대학생이 / 3040 여성만 주목 / 세금 폭탄이 싫으신 분만 클릭 / 인스타그램 왕초보 주목

③ 손해 강조형 키워드

이것 안 하면 300만 원 손해입니다 / 모르면 1년 날리는 / 나만 모르는 부업 아이템 / 지금 안 하면 6개월 기다려야 합니다 / 절대 놓치면 안 되는 사람

④ 권위 강조형 키워드

대학교수가 알려주는 / 30년 교육자가 소개하는 / 100만 유튜버가 알려주는 / 누적 수강생 1,500명 강사가 말하는 / 15년 차 블로그 마케터가 정리한

⑤ 모자이크형 키워드

월 300 벌게 하는 ㄱㅇㅂ / 블로그 최신 알고리즘 000 00 비법 / 당신만 모르는 '이것' / 붙잡고 싶은 사람의 특징 N가지 / 결혼자금 ( ) 이면 충분해요

⑥ 가치 보따리 증정 키워드

OO까지 무료 소책자 증정 / 10만 원 상당 선물 이벤트 / 설문조사 참여시 커피쿠폰 증정 / 이 자료를 받아가세요 / 전자책, 강의 무료 나눔 합니다

⑦ 시기 언급형 키워드

2023년 마지막 수업 / 설 명절 이벤트 / 어린이날 선물 / 올해 상반기 결산 / 새학기 기념

⑧ 장애물 제거형 키워드

인스타그램 없이 월 300만 원 버는 법 / 이것 안 해도 쇼핑몰 마케팅하는 법 / 독서 안 해도 똑똑해지는 법 / 날 괴롭히는 어린 동생 잠재우는 법 / 30분도 안 걸리는 시장 조사 비법

⑨ 성과 보장형 키워드

왕초보들도 쉽게 가능한 / 2배 빠르게 성과 내는 / 실행만 하면 수익화되는 / 따라만 하면 뚝딱 만들어지는 아이템 템플릿 / 하루 1시간 투자하고 광고 승인받는 노하우

⑩ 공감대 형성 키워드

2030대 사이에서 난리 난 / 대구 사람들이 하나같이 다 좋아하는 / 한 살이라도 어릴 때 / 블로그로 돈 아끼는 노하우 / 여자친구 가장 빛나게 만드는 방법

＊ ＊ ＊ ＊ ＊

10가지 키워드를 단문 카피라이팅에 적용하자. 그럼으로써 지나가던 사람을 멈춰 세우는 전략이 단문 글귀만으로 트래픽을 만드는 비결이다. 사람들이 그냥 지나갈 때는 아무 의미가 없다. 반드시 클릭하고, 콘텐츠를 소비하며, 더 나아가 댓글 참여와 연쇄적인 콘텐츠 소비를 만들어내야 수익화에 가까워지는 인스타그램 계정으로 거듭날 수 있다.

3) 카피라이팅의 적용

카드뉴스는 맨 처음에 첫 번째 장을 노출시켰는데 클릭하지 않아도 얼마 지나서 두 번째 장을 노출시키기도 한다. 그래서 카드뉴스 콘텐츠는 첫 번째 장과 두 번째 장의 카피라이팅에 90%를 쏟아 반드시 클릭하고, 콘텐츠를 소비하게 만드는 것이 중요하다.

[2-21] 카드뉴스 카피라이팅의 예시(손힘찬 작가)

여러 장의 사진 중 사용자가 슬라이드를 하지 않으면, 피드에서 다음 장을 노출 시켜서 사진에 대한 반응도를 높이려 하기 때문이다.

릴스도 카드뉴스와 비슷하다. 릴스의 콘텐츠는 섬네일에 들어가는 문구와 클릭했을 때의 첫 화면이 매우 중요하다(**콘텐츠의 대부분을 차지한다**). 초반 2초 안에 끝까지 볼 수 있는 재미와 유용한 정보가 있다는 점을 처음부터 암시해야만 한다. 숏폼 콘텐츠는 회전율이 매우 빠르다. 초반에 콘텐츠를 소비해야 할 동기부여를 주지 않으면 알고리즘의 선택을 받을 수 없다.

[2-22] 릴스 카피라이팅이 예시(쭌이덕)

캡션에 첫 줄을 어떤 문구로 쓰느냐도 중요하다. 지나가던 인스타그램 사용자들이 우연히 내 콘텐츠를 봤을 때 캡션에 있는 '더보기'를 누르게 하기 위해서는 먼저 첫 줄에 있는 문구가 호기심을 자극해야만 한다. 그 부분에 초점을 맞춰서 한 줄 카피를 쓴다면, 내 콘텐츠의 반응률은 무조건 높아질 수밖에 없다.

＊ ＊ ＊ ＊ ＊

이렇게 단문 글귀나 문구 하나로 간단하게 트래픽을 가져오는 방법에 대해서 알아봤다. 열심히 장인정신을 발휘하여 좋은 콘텐츠를 만드는 것도 중요하지만, 그만큼 소비자들이 선택을 끌어내는 헤드라인 문구도 중요하다. 인스타그램으로 수익화를 하고 싶은 사람이라면, 취미로 인스타그램을 하는 사람들과는 콘텐츠를 바라보는 시각이 달라야 한다.

내가 쓰고 싶은 글이 아니라 사람들이 보고 싶어 하는 글을 기반으로 콘텐츠를 만들고 계속해서 업그레이드 해보자. 그러면 시간이 지날수록 인스타그램 소비자들에게 선택받는 계정이 될 것이라고 확신한다.

05

웨비나 신청 퍼널

* * *

현재 1인 지식사업을 하고 있거나 준비하고 있는 사람들은 '웨비나'라는 단어를 접했을 것이다. 웨비나(Webinar)는 웹(Web)과 세미나(Seminar)의 합성어로 온라인에서 진행되는 세미나를 의미한다. 2020년도 코로나 펜데믹으로 오프라인 강의들이 온라인으로 전환되면서 줌(Zoom)이나 구글미트(Google Meet)를 활용한 온라인 강의가 활성화되었다.

웨비나는 어디서든 참여할 수 있고, 대규모 참여가 가능하며, 온라인 기능을 활용해 다양한 상호작용을 할 수 있다. 시간이 지날수록 온라인 강의의 활용도가 커지고, '온라인 방구석'에서도 돈을 벌 수 있다는 장점 때문에 너도나도 1인 지식창업에 도전하기 시작했다.

특히 '퍼스널 브랜딩(Personal Branding)'이 널리 알려지자 인스타그램을 하는 사람 중 온라인 수익화를 꿈꾸는 사람들이 많아졌다. 그러나 평범한 자기계발 계정으로 그치거나 이도 저도 아닌 상태에서 그만두는 경우가 대부분이다. 그 이유는 처음부터 기획된 운영이 아니었기 때문이다.

1) 상품 기획과 퍼널 설계

내 영향력과 지식을 돈으로 바꾸는 방법은, 내 상품을 만든 후 그 상품에 잘 맞는 콘텐츠를 제작하여 퍼널을 구축하는 것이다. 인스타그램에 상품이 있어도 만족할 만한 성과를 내지 못하는 사람들은 상품과 콘텐츠의 결이 맞지 않을 가능성이 크다. 또는 상품 기획과 퍼널 설계 없이 계정을 키운 경우도 이에 해당한다.

따라서 수익화를 하기 위해서는 내 상품과 콘텐츠의 전반적인 문구를 통일성 있게 만드는 작업부터 해야 한다. 그다음 퍼널을 설계하여 내 커뮤니티에 유입시키고, 유입된 소비자들을 상대로 웨비나를 하는 것이다. 소비자들이 충분히 만족할 만한 웨비나였다면, 내가 본 상품을 제안할 때 받아들여질 확률이 매우 높아진다.

더욱 쉽게 이해할수 있도록 '웨비나 신청 퍼널'을 7단계로 정리하겠다.

[1단계] 주제를 정한다.

웨비나를 통해 수익화를 하고 싶다면, 먼저 내가 웨비나를 할 주제를 정해야 한다. 콘텐츠 기획전에 먼저 정해져야 하며, 주제가 정해졌다면 내 주제, 또는 업계와 비슷한 경쟁자를 살펴보면서 그들은 어떻게 웨비나를 하는지 분석한다.

[2단계] 플랫폼을 선택한다.

그다음 내가 어떤 툴을 통해 사람들에게 강의할지를 정해야 한다. 일반적으로 '줌'을 가장 많이 활용하며, 드물게는 '구글미트'를 활용하기도 한다. 웨비나 참석 규모나 사용하고 싶은 기능에 따라 요금제를 선택해서 툴을 결정하고 활용하면 된다.

[3단계] 장비를 준비한다.

웨비나를 할 때 필요한 도구들을 미리 준비한다. 컴퓨터나 노트북은 기본으로 필요하고, 인터넷 환경이 잘 돌아가는지 미리 체크해야 한다. 그 외에 조명 장비나 마이크, 웹캠 등을 세팅하면서 더 원활한 강의 환경을 만들 수 있다.

[4단계] 강의 콘텐츠를 개발한다.

웨비나에 필요한 기본적인 도구들이 준비되었다면, 스크립트와 슬라이드를 준비한다. 특히 처음 웨비나를 하는 사람일수록 반드시 대본 스크립트를 작성하고, 여러 번 반복해 읽으면서 연습하는 과정을 거쳐야 한다. 그래야 실전 웨비나에서 자연스럽게 말을 할 수 있다. 화면 슬라이드는 파워 포인트나 캔바, 미리캔버스 등으로 작업할 수 있다.

강의 슬라이드에서는 글자가 빽빽하게 많고, 장면 전환이 없는 경우에는 참석자의 집중도가 떨어질 수 있다. 화면에 있는 수

많은 글을 읽다 보니 정작 말하는 것을 놓치는 것이다. 슬라이드를 시각적으로 구성하여 청중의 주의를 환기시켜야 한다. 사진 위주의 슬라이드는 기본으로, 정보와 관련된 사진과 차트, 그래프를 포함하면 훌륭한 웨비나 슬라이드가 될 것이다.

[5단계] 웨비나 일정을 정한다.

대본 스크립트와 화면 슬라이드가 준비되었다면, 이제 웨비나를 진행할 날짜를 정한다. 이때 주의할 점은 내 웨비나를 홍보할 기간과 소비자들이 참석하기 쉬운 시간대를 충분히 고려하여 일정을 정해야 한다. 홍보 기간이 지나치게 짧아 모객을 못하거나, 내 고객들이 참석하기 어려우면 실시간 참여자가 적어진다. 이 2가지 요소를 고려하는 것은 매우 중요하다.

[6단계] 웨비나 랜딩페이지를 제작한다.

인스타그램 소비자들을 설득할 수 있는 랜딩페이지가 준비되어야 한다. 정해진 일정을 내 랜딩페이지에 기록하고, 사람들이 보고 설득될 수 있도록 구성하자. 지나치게 복잡하게 만들 필요 없이 명확한 타깃팅, 타깃에 맞는 소구점, 웨비나 목차, 강사 소개, 일정과 시간 등에 대한 안내만 들어가 있어도 매력적인 랜딩페이지가 완성된다.

라이브 클래스, 퍼널 모아 등의 사이트가 있지만, 외부 사이트를 사용하는 것이 부담스럽다면 네이버 블로그를 랜딩페이지로 활용하는 것도 좋다.

[7단계] 내 웨비나를 홍보한다.

일정이 정해졌다면 본격적으로 홍보 마케팅을 해야 한다. 인스타그램에서 콘텐츠를 통해 홍보할 수 있고, 콘텐츠에서 자동화 DM 퍼널을 통해 웨비나 참석자를 높일 수 있다. 또는 기존 고객 DB에 이메일로 연락을 취할 수도 있으며, 메타 광고를 통해 사람들을 모집할 수도 있다.

2) 성공적인 모객하는 법

무료 특강 웨비나 홍보를 위한 대표적인 인스타그램 웨비나 신청 퍼널을 하나 소개하겠다. 여기에 있는 장치들만 잘 활용해도 인스타그램에서 모객하는 것은 어렵지 않다.

대표적인 퍼널로는 **[인스타그램 콘텐츠(웨비나 공지) → 매니챗 연동 → DM → 오픈채팅방 → 웨비나 신청 링크 → 웨비나]**의 과정을 따른다. 대부분의 인스타그램 모객은 이렇게 이루어진다고 생각하면 된다.

[2-23] 인스타그램 콘텐츠 퍼널 사례(로건)

[2-24] 인스타그램 콘텐츠에서 웨비나 참석자를 높이기 위한 댓글 리틀리 유도 사례(로건)

[2-25] 매니챗을 통한 DM 전송 / 댓글리틀리를 통한 오픈채팅방 퍼널 유도 사례(로건)

이런 방식으로 나의 잠재고객들에게 어떤 행동을 할지 명확해야만 성공적인 모객이 가능하다. 콘텐츠에서 1번 말하고, 메시지를 보낼 때 1번 더 안내해주면 좋다. [2-23~25]

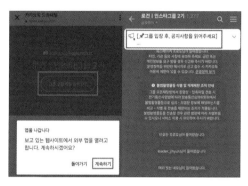

[2-26] 오픈채팅방으로 유입 사례(로건)

또한 [2-26]처럼 웨비나 신청 퍼널은 내가 기획하기에 따라 더 늘려서 응용할 수도 있다. 지금 소개한 웨비나 신청 퍼널을 익히기만 해도 수익화에 큰 도움이 된다. 물론 처음에는 퍼널을 기획하는 것이 어려울 수 있다. 하지만 한두 번 실행해보다 보면 지금 소개한 퍼널이 어떻게 작동되는지 이해할 수 있을 것이다.

3) 고객을 진정성 있게 대하라

나의 지식과 경험을 사람들에게 강의로 파는 것은 매우 의미 있는 일이다. 이 책을 읽는 여러분도 각자 교육을 받고 자라왔을 것이다. 과거부터 인간은 교육을 통해 발전되어 왔으며, 지구가 멸망하지 않는 이상 '교육'이라는 개념은 없어지지 않을 것이다.

'교육'이라는 것이 성립한다는 건 그만큼 수요가 많아졌다는 뜻이다. 대한민국 입시가 사교육화되어가는 것처럼, 온라인도 점점 다수의 교육 플랫폼과 각 분야의 강사들이 양성되고 있는 것이 현실이다. 많은 사람이 온라인 교육 시장에 뛰어드는 이유는 돈을 벌기 위함이 가장 크다.

하지만 성과가 없거나 빈약한 상태에서, 지나치게 부풀려 권위를 만드는 것은 경계해야 한다. 무수히 많은 콘텐츠가 생산되는 지금 이 시기에는 자극적인 후킹 문구나 허위로 만든 권위가 아니라, 고객에게 '진정성'을 갖고 꾸준히 웨비나를 하는 사람이 이기는 게임이기 때문이다.

지금 눈앞에 있는 고객이 단 1명이라도 제대로 만족시키자는 마음으로 웨비나에 임하면, 고객은 내 진정성을 보고 기꺼이 돈을 지불할 것이다. 또한, 그 1명의 고객은 10명에게 나를 소개해줄 것이며, 이는 추후 내 수익화에 날개를 달아줄 존재가 될 것이다.

PART
3

AI 시대, 빅데이터와
알고리즘 역이용법

—— 임형순 ——

일상 속 행복을 찾는 보통의 직장인. 서른을 앞둔 나이에 갑작스러운 건
강 악화로 인해 삶을 돌아보게 되었다. 바쁜 일상을 잠시 멈추고 일과 삶
의 균형을 다시 생각하게 되었다.
직장과 개인의 삶 사이에서 방황하는 사람들에게 자신을 찾는 방법을
나누고자 한다. 자기계발과 노력을 하는 현대인들에게 질문을 던지기도
한다. 따뜻하고 진솔한 언어로 내면의 성찰을 담아낸다.

임형순 인스타그램

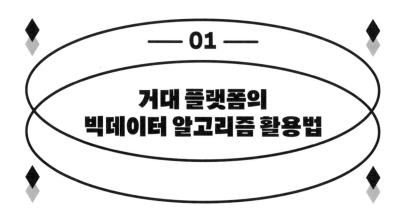

━ 01 ━
거대 플랫폼의
빅데이터 알고리즘 활용법

* * *

소셜 미디어 플랫폼들은 빅데이터 알고리즘(Big data Algori-thm)을 통해 사용자의 온라인 활동을 추적하고 분석한다. 소셜 미디어는 우리가 더 많은 시간을 사용하는 목적성을 갖고 있다. 그래서 각 플랫폼은 우리가 '어떤 콘텐츠를 선호하는지, 얼마나 오래 머무는지, 관심 있어 하는 주제는 무엇인지' 등을 파악한다.

그다음 우리에게 '개인화된 콘텐츠'를 제공하는 것이다. 당신도 이런 경험이 있을 것이다. 지인들과 최신 노트북에 관해 대화했는데, 갑자기 나의 소셜 미디어 피드에 노트북 광고가 뜬다. 이 것이 단순한 우연의 일치일지, 스마트폰이 내가 한 말을 듣는 건 아닌지 생각하게 만든다.

이렇듯 알고리즘으로 인해 발생하는 현상은 우리에게 놀라움과 동시에 개인의 프라이버시를 침해하는 것 같은 불쾌감도 준다. 플랫폼은 사용자의 관심사에 맞는 콘텐츠를 제공하고, 궁극적으로 사용자가 많은 시간을 참여하도록 만든다. 알고리즘이 바뀐다고 말하지만, 사용자의 만족도를 높이기 위해 개선되는 것이다.

그렇다면 어떻게 사용자의 취향을 알게 되는 걸까? 우리가 일상에서 소비하는 다양한 콘텐츠의 유형, 시청 시간, 반응을 데이터로 수집한다. 이를 통해서 개인의 취향을 예측하는 것이다. 세상에 존재하는 사람의 숫자만큼 다양한 종류의 피드 구성이 있다. 자신과 지인의 스마트폰 화면을 비교하면 서로 다른 것을 확인할 수 있다.

이는 각자의 취향에 맞게 알고리즘이 세팅된 것이다. 따라서 SNS로 활동하려면 자신의 목적과 관련 있는 콘텐츠가 노출되도록 개선할 필요가 있다. 다른 사람의 콘텐츠를 참고하면서 아이디어를 얻을 수 있으며, 이를 통해 상위 노출된 콘텐츠와 노출되지 않은 콘텐츠를 비교할 수 있다. 이런 정보를 참고하면서 제작하는 수준을 올릴 수 있다.

1) 인스타그램 피드의 이해

우선 사람의 손길이 닿지 않은 경우의 사례를 찾아보고자 한다. 신규 개설한 계정의 탐색 화면은 [3-1]과 같다. 국내가 아닌 해외의 정보들이 보인다. 이를 개선하려면 자신의 관심사를 찾아 '저장'이나 '좋아요',

[3-1] 신규 개설 계정

'팔로우' 등을 진행하면 된다. 이 과정을 통해서 알고리즘이 차츰 변화하며, 소비할 수 있는 콘텐츠로 탐색 창도 변한다.

[3-2] 여행, 캠핑 피드

사람마다 취향은 다르기에 피드 구성도 달라진다. 누군가가 감성 사진을 좋아한다면 피드 구성에서 감성 사진의 비중이 늘어날 것이다. 또 동물을 좋아한다면 큰 범주에서는 소형견부터 대형견을 선호하는 사람이 있다. 강아지의 휴식 장면을 선호하거나, 역할극을 즐기는 사람까지 있다. 하나의 관심사를 세분화하면 세분화할수록 깊어진다.

아이를 좋아한다면, 이성을 좋아한다면, 인문학과 철학을 좋아한다면 어떻게 될 것 같은가? 어떤 콘텐츠라도 인터넷에 존재하며, 각 플랫폼의 화면에는 사용자의 취향이 담긴다. 현재 화면은 자신에 최적화된 알고리즘이라는 걸 기억해야 한다. 다른 사람과는 무관하므로 한정된 정보를 수집

[3-3] 감성 피드

인스타그램 마케팅 자동화

할 수 있다.

이를 개선하기 위해서 부계정을 개설하여 새로운 세팅을 할 수가 있다. 예를 들어 글쓰기 분야의 계정을 팔로우하거나 게시물을 저장하면 된다. 시간이 흘러 탐색 창은 글과 관련한 콘텐츠들로 가득 찰 것이다. 최신 유행을 파악하려면 부계정을 개설하여 원하는 분야의 알고리즘을 학습시키면 된다. 이를 통해 정보의 격차를 줄일 수가 있다.

이때 우리는 두 가지 선택지를 마주하게 된다. 첫 번째는 소비자로서 알고리즘이 제공하는 콘텐츠에 끌려다니는 것이고, 두 번째는 이러한 알고리즘을 이해하고 자신의 이득으로 활용하는 것이다. 만약 두 번째를 선택한다면, 알고리즘의 원리를 이해하여 콘텐츠 전략에 적용할 수 있다.

2) 알고리즘 역이용하는 7단계

타인의 관심과 참여를 효율적으로 이끌려면 먼저 빅데이터와 알고리즘 사이의 관계를 파악해야 한다. 빅데이터는 온라인 활동에서 생성된 방대한 데이터로, 검색 기록, 소셜미디어상의 상호작용, 시청한 동영상, 좋아요, 공유한 콘텐츠 등이 포함된다. 알고리즘을 역이용한다는 것은 이런 데이터 분석 과정을 이해하고, 우리의 콘텐츠가 타깃에 노출되도록 하는 것이다.

이를 위한 3가지 전략을 소개한다.

[1단계] 고객을 위한 해시태그를 사용한다.

특정 분야의 전문가라면 관련된 해시태그를 사용할 수 있다. 가장 효과적인 해시태그를 선택하기 위해서는 경쟁이 심하지 않으면서 자주 검색하는 키워드를 찾아야 한다. 키워드 검색 결과에서 상단에 노출될 때 고객들의 접근에 도움이 된다.

[2단계] 참여형 콘텐츠로 사용자가 반응하게 한다.

소통형이라고 생각해도 괜찮으며 단순히 정보를 소비하고 지나가는 것이 아닌. 직접 참여할 수 있도록 하는 것이다. 투표나 퀴즈, 질문 등이 있다. 반응할 수 있는 콘텐츠가 필요한 이유는 인스타그램 알고리즘은 사용자의 참여도를 중요한 지표로 활용한다. 사람들이 남기는 '댓글, 좋아요, 공유, 저장' 등의 상호작용이 많은 콘텐츠가 알고리즘에서 추천되기 때문이다. 게시물에서는 매니챗을 활용하여 참여를 높이는 일도 있다.

[3단계] 게시물 게시 시간을 최적화한다.

팔로워들이 가장 활발히 활동하는 시간에 콘텐츠를 게시하여 초기 참여도를 높일 수 있다. 콘텐츠는 점차 확산하는데 초기 참여가 중요한 요소가 된다. 프로페셔널 계정으로 전환하면 팔로워들의 활동 패턴을 확인할 수 있다. 이를 기반으로 개인에 적합한 콘텐츠 게시 시간을 결정하면 된다. 보편적으로 새벽 시간보다는 저녁 시간이 많은 사람에게 노출될 수 있을 것이다.

인스타그램 마케팅 자동화

3) 소비자가 아닌 생산자의 태도

대부분 플랫폼은 정기적으로 알고리즘을 업데이트하는데, 이는 사용자의 만족도를 높이기 위해서다. 최신 알고리즘의 변화에 따라 콘텐츠 전략을 조정하는 게 중요하다. 인스타그램은 사진, 비디오, 스토리 등이 있다. 계정의 알고리즘을 확인하여 어떤 콘텐츠가 반응이 좋은지 파악해야 한다. 선호하는 상호작용이 무엇인지 알기 위해서 피드백을 통한 콘텐츠의 반응을 분석하는 것이 필요하다.

예로 비디오 콘텐츠의 참여도가 높다면, 비디오 콘텐츠에 시간을 투자하면 된다. 알고리즘을 역이용하려면, 내 콘텐츠가 사람들에게 어떤 방식으로 소비되는지 이해해야만 단기간에 눈에 띄는 성과를 만들 수 있다. 하지만 가장 중요한 것은 꾸준한 노력이다. 사람들에게 재미, 정보, 공감처럼 가치 있는 내용을 전달하려고 해야 한다. 나의 진정성이 담긴 콘텐츠를 제작한다면 사용자와의 관계를 깊어지게 할 것이다.

사용자가 방문한 사이트는 기록에 남는다. 어떤 채널에 들어갔는지, 어떤 글과 사진, 영상 등을 시청했는지 데이터로 저장된다. 대규모의 복잡한 데이터 집합을 빅데이터라고 한다. 이 빅데이터를 통해서 사용자에게 맞는 알고리즘을 구성한다. 신규 유튜브 채널을 개설하여 메인 화면을 확인해 보자. 당신의 취향이 담기지 않은 상태에서, 당신과 비슷한 나이, 같은 성별이 무엇을 좋아하는지 한눈에 볼 수 있다.

그렇다면 이 알고리즘을 활용하려면 어떻게 해야 할까? 먼저 태도를 바꿔야 한다. 지금까지 눈앞에 떠오르는 콘텐츠를 시청하는 관점이었다면, 이제 만드는 관점으로 바꾸자. 즉 소비자가 아닌 '생산자의 태도'가 필요하다.

관심사에 맞는 콘텐츠를 올려준다는 것까지 이해했다면, 이제 내가 만든 콘텐츠(글, 카드 뉴스, 영상 등)는 '어떤 유형의 사람'들이 좋아하는지 학습시켜야 한다. 이때 사용자들이 헷갈리지 않도록 일관된 모습을 보여야 한다.

예를 들어서 당신이 운동을 통한 다이어트를 이야기하던 중에 독서의 중요성을 언급하면 어떻게 될까? 주식 같은 재테크를 다루다가 음악을 추천하면 어떻게 될까? 물론 콘텐츠 제작자의 입장에서 관심사가 다양할 수 있다. 하지만 소비자는 혼란을 겪을 수 있다. 타깃과 당신의 상품이 정해진다면 일관성을 유지해야 한다.

단순히 소모적인 상품이 아니라 '브랜드'를 갖출 수 있도록 해야 한다. 알고리즘이 변화한다고 하지만, 이는 사용자의 만족도를 높이기 위한 개선 작업이다. 무엇을 접했을 때 사람들에게 이득이 되는지를 생각하면 된다. 피로감을 줄 것인지 만족감을 줄 것인지 고민해 보자.

끝으로 '거대 플랫폼은 사람이 머물러 있기를 바란다'라는 것을 기억하자. 이를 위해 알고리즘의 변화를 선택한다면 급변하는 시대에도 따라갈 수 있을 것이다.

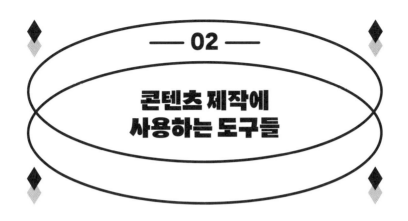

02

콘텐츠 제작에 사용하는 도구들

＊＊＊

콘텐츠 제작은 브랜드와 아이디어를 돋보이게 하는 도구다. 과거에는 전문적인 지식이 필요했지만, 현재는 다양한 AI 도구를 사용해서 누구나 자신의 이야기를 할 수 있게 되었다. 다양한 콘텐츠(텍스트, 이미지, 비디오 등) 제작에 AI 도구들이 등장한 덕분에 비전문가들이 제작에 투자하는 시간을 줄일 수 있었다.

지금은 자기 생각(아이디어)을 행동(AI 도구 활용)으로 옮기면 결과물을 얻을 수 있다. 하지만 AI 도구도 결국 '사람'이 사용하는 것이다. 무엇을 목적으로 사용하는지에 따라 다양한 결과물이 나오기 때문이다.

이런 시점에 《트렌드 코리아 2024》책이 제시한 '호모 프롬프트(Homo Prompt)' 개념은 의미가 있다. AI와 챗GPT 등이 등장했으나 인문학, 철학 등 다양한 분야에 대한 깊은 이해가 중요하다는 것이다. 앞으로는 AI 도구로 만들어진 콘텐츠에 개인의 깊이(**역**
....

령)를 담는 것이 중요해질 것이다. 그런데 개인마다 활동하는 영역도, 사용하는 AI 도구도 다르다.

이번 챕터는 콘텐츠를 제작하는 크리에이터에게 도움이 되는 '글쓰기·음성·영상·이미지 도구(Tool/툴)'들을 하나씩 설명하겠다.

1) 글쓰기 도구

글쓰기 도구에는 '**챗GPT(ChatGPT), 구글제미나이(Gamini), 가제트(Gazet) AI, 뤼튼(Wrtn), 하이퍼클로바X(Hyper CLOVER X)**' 등이 있다. 사용자와 대화하는 형식으로 글쓰기 작업을 지원한다. 특정 주제에 관한 내용을 생성하고, 복잡한 글감은 구글의 구조 형성에 사용할 수도 있다.

개인 SNS 채널을 운영하는 사람은 창작의 어려움을 느낀다. 이때 글쓰기 도구로 초안을 작성하거나 자신의 콘텐츠를 다듬을 때 활용할 수 있다. 글쓰기 AI 도구를 선택했으면 각 웹사이트나 플랫폼에 접근하자. 대부분 '대화' 형태로 '어떻게 사용하면 되는지'처럼 직접 물어볼 수도 있다. 특정 주제에 대한 '질문'이나 '명령'으로 시작해도 된다. 예를 들어 "주제에 대한 블로그 글 작성", "글쓰기에 대한 개요 작성"처럼 요구할 수 있다.

처음 결과를 마주하면 실망스러울 수 있다. 이때는 특정 주제나 스타일에 대해 세부적으로 요청하면 된다. 글의 톤, 대상, 분량 등을 지정하는 것도 도움이 된다. 이렇게 하나의 글을 계속 수정하고 개선하는 과정을 통해서 완성도가 올라간다. 그런데 AI 도구로 만들어낸 글을 그대로 사용해서는 안 된다. AI 도구가 제공한 내용의 팩트를 체크한 후 자기 생각을 덧붙여야 한다.

글쓰기 도구 중 뤼튼을 참고로 소개한다. 뤼튼은 검색엔진을 고를 수 있다.[3-5] 똑같은 AI 검색을 기반으로 예시글을 작성했다. 똑같이 '벚꽃'이 주제로 두 가지 질문을 했는데, 첫 번째 질문은 단순히 벚꽃 자체였고[3-6/7], 두 번째 질문은 개인적인 상황 정보를 포함하였다. [3-8/9]

[3-4] 뤼튼의 초기 화면   [3-5] 뤼튼의 검색엔진

예시글을 통해서 질문 방식에 따라 다른 결과가 나옴을 알 수 있다. 모든 AI 도구가 그렇지만 글쓰기 도구도 직접 경험해 봐야 알 수 있는 정보가 있다.

[3-6]   [3-7]

[3-8]   [3-9]

다양한 글쓰기 도구가 있으니 자신의 취향에 맞는 AI 도구를 찾아야 한다. 물론 AI 도구를 통해서 초안을 작성할 수는 있지만, 최종 업로드는 사람의 손이 닿아야 한다. 인간의 감성이 담긴 콘텐츠가 살아나기 때문이다.

2) 음성 분야 도구

음성 생성 기술의 발전으로, 다양한 음성 콘텐츠를 효과적으로 제작할 수 있다. **'일레븐랩스(ElevenLabs), 타입캐스트(Typecast)' 같은 플랫폼은 사용하기 쉬운 도구를 제공한다. 이들은** 'Text to speech(TTS)' 기술을 활용하여 텍스트를 자연스러운 음성으로 변환하여 제공한다. 이 기술은 얼굴이 노출되지 않는 콘텐츠 제작에 유용하다. 예를 들어 팟캐스트, 오디오북, 나레이션이나 교육용 콘텐츠를 제작할 때 활용할 수 있다.

기존의 음성 스타일을 사용하거나 자신의 음성을 녹음하여 시스템에 학습시킬 수 있다. 개인의 특징을 이루거나 특별한 캐릭터의 목소리 톤도 형성한다. 각 상황에 맞는 목소리를 사용하여 콘텐츠의 몰입감과 메시지 전달력을 강화할 수 있다. 또한, 음성 속도 같은 튜닝을 적절히 사용하면 품질을 높일 수 있다.

이 챕터에서는 'ElevenLabs'를 다루겠다. 먼저 Voice 화면에 자신의 음성을 녹음하여 파일을 업로드하면, 자체적으로 학습 과정을 거친다. 이 과정을 끝내면 자신의 음성을 사용할 수 있다.

[3-10] ElevenLabs 초기 화면

[3-11] 개인 음성 등록

[3-12], [3-13], [3-14] 음성 설정

이를 활용하여 콘텐츠를 제작할 수 있다. 대본 작성 후 AI를 통해 음성을 생성할 수가 있으며, 자료들로 화면을 구성했다면, 이 음성을 통해 콘텐츠를 제작할 때 들어가는 시간을 줄일 수 있다.

[3-15] 대본 입력

[3-16]

3) 영상 분야 도구

AI 기술의 발전으로 영상 분야는 큰 변화를 체감하게 되었다. 특히 '오픈 AI(Open AI)'의 인공지능 모델 '소라(Sora)'가 출시되면서 영상 분야의 많은 전문가가 충격을 받았다. 앞으로는 기존에 상상하지 못한 방식으로 콘텐츠를 제작할 수 있게 된 것이다. 실제로 영화배우이자 감독으로 유명한 타일러 페리(Tyler Perry)는 8억 달러 규모의 스튜디오 프로젝트를 재고한 사례가 있다.

현재 Sora는 제한적으로 접근할 수 있지만, 이와 유사한 기능을 제공하는 플랫폼으로 **Runway의 Gen-2, moonvalley** 등이 있다. 이 도구로 영상 편집 기술이 없어도 전문가 수준의 영상을 제작할 수 있다. 즉 사용자가 텍스트를 입력하면 이를 기반으로 영상을 제작한다. 영상 제작 후 음성을 합쳐서 퀄리티를 높일 수도 있다. 최근 올라온 Sora의 영상에 ElevenLabs의 음성을 합친 콘텐츠가 그렇다.

[3-17] 초기 화면

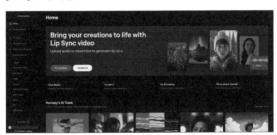

[3-18]로그인 화면

여기서는 Runway를 통해서 영상 AI 도구의 활용법을 소개하겠다. 영상 AI 도구로 사용자는 고품질의 비디오 콘텐츠를 제작할 수 있다. 사용자의 성향에 따라 그 활용도는 다양하며, 단순히 시각적인 만족을 누릴 수 있다. 또 영상물에 음성을 입혀서 2차 가공도 할 수도 있다.

[3-19] 다른 영상 프롬프트

[3-20]1 영상 생성 중

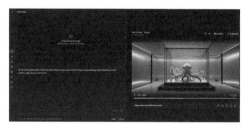

[3-21] 영상 생성

영상을 제작할 때는 '프롬포트(Prompt)'의 영향을 받는다. 전문가들은 조명 값까지 조정하면서 퀄리티를 올리기도 한다. 출력하는 영상의 사이즈나 세부적인 부분도 조정할 수 있다. 메인 화면에서 보이는 다른 영상들을 참고하며 프롬프트를 가져올 수도 있다.

이렇게 사용자의 취향에 맞는 영상 제작이 가능하다. [3-22] 이외에도 Pika나 Moonbely, D-ID 같은 AI 도구가 있다. Pika, Moonbely는 Discord를 통해서 제작할 수 있다. 나의 아바타가 영상을 만드는 것으로 Heygen이 있다. 자신이 말하는 영상을 녹화하여 업로드하면 된다. 매번 카메라 앞에 서는 것이 어려운 이들이라면 활용할 수 있다.

AI 도구마다 서로 다른 강점이 있다. 먼저 테스트한 후 원하는 것을 활용하면 된다. 각자의 생각에 따라 다양하게 사용할 수 있을 것이다

4) 이미지 분야

AI 기반 그림 생성은 '**미드저니(Midjourney), 달리(DALL-E), 어도비 파이어 플라이(Adobe Firefly)**' 같은 도구가 있다. 이런 도구로 복잡한 디자인 기술 없이도 고품질의 이미지를 생성할 수 있다(**텍스트나 기존의 이미지를 기반으로 하여 생성한다**). 나의 콘텐츠에 어울리는 이미지를 찾는 데는 시간이 필요하다. 그러나 AI를 통해 이미지를 생성하면 시간을 단축할 수 있다.

[3-22] Midjourney Gallery

최근 '사람이 등장하지 않

는 (AI 기반) 콘텐츠 콘텐츠'가 있다. 이미지에 움직임과 음성을 입히거나, 영상에 음성이 붙은 것이다. 대부분 한 개의 사이트를 이용하지만, 2~3가지 기능을 조합한다면 보다 높은 퀄리티의 콘텐츠를 얻을 수 있다.

(1) 달리(DALL-E) 사용법

여기서는 'DALL-E'의 사용법을 4단계로 설명하겠다.

[1단계] 이미지에 대한 아이디어 구상하기

가장 먼저 만들고 싶은 것이 무엇인지 생각해야 한다. 단순히 '강아지'가 아니라 '풀숲을 뛰어가는 강아지'가 구체적이다. 이미지에 담고자 하는 주제, 배경, 색상이나 분위기를 고려해야 한다. 어떤 프롬프트를 구성하고 요청하는지에 따라 다른 이미지를 형성한다.

[2단계] 세부 설명 작성하기

지금까지 생각한 이미지에 대한 아이디어를 텍스트로 만든다. 대부분의 생성형 AI는 사람이 제공하는 정보를 기반으로 이미지나 영상을 생성한다. 이미지의 분위기나 크기처럼, 구체적일수록 원하는 결과를 얻을 수 있다.

(ex, 비가 그치고 햇살이 들이치는 풀숲을 뛰어가는 하얀 말티즈)

[3단계] 그림 그리기

설명과 이미지의 크기를 결정한다면 요청을 해야 한다. 만족스러운 결과가 나오지 않으면 수정 요청을 하면 된다. 프롬프트를 바꾸는 과정을 통해서 이미지를 바꿀 수가 있다. 예를 들어 커피를 내리는 카페의 바리스타를 그린다면, 커피의 종류를 바꿀 수가 있다. 고객의 숫자를 수정할 수도 있다. 혼자 있는 단독샷인지 동물이나 사람이 있기를 바라는지 방법은 다양한다.

[4단계] 이미지 선택하기

여러 시도 끝에 마음에 드는 이미지를 생성할 수 있다. 기존 사진을 참고해서 작성을 요청할 수도 있다. 처음부터 만족스럽지 않을 수도 있지만, 상상을 시각적으로 변환하는 기능이 있기에 소소한 즐거움을 준다.

▶ 달리를 이용한 그림 예시

[3–23], [3–24]

(2) 미드저니(Midjourney) 사용법

Midjourney는 Discord로 접근할 수 있다. 유료 결제 후 Discord에 들어가면 하단에 이미지가 보인다. Midjourney의 공용 채널에서 함께 이미지를 생성한다. 사용자가 마음에 드는 채널에 접근하면 된다.

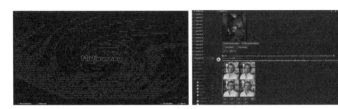

[3-25] Midjourney 메인 화면   [3-26] Discord 화면

검색창에 'Image'를 입력하면 'Prompt'라는 칸이 나타난다. 여기서 원하는 그림의 Prompt를 작성하면 된다.

[3-27] image 입력

[3-28] prompt 입력

[3-29] prompt

로딩 시간이 지나면 4개의 결과물이 나온다. 여기서 상단의 U는 사진 한 장을 확대하여 확인할 수 있으며, 하단의 V는 이 사진을 기반으로 새로운 이미지 생성을 요청하는 것이다.

[3-30] U1으로 사진 한 장 선택   [3-31] 세부 편집 기능

이번 프롬프트는 챗GPT를 활용해 Midjourney로 생성했다. **[3-32]** 포인트는 사이버 펑크 느낌이 나는 공간이며, 물이 보이는 창문과 도서관처럼 책으로 가득한 공간 속에 있는 사람이다. 개인의 취향에 따라서 여러 가지 결과가 나올 수 있다. 똑같은 프롬프트를 DALL-E로 생성한 결과도 참고하자.

[3-32] Midjourney   [3-33] DALL-E

동일한 프롬프트로 만들어낸 이미지도 결과는 다르다. 이처럼 공상과학의 이미지를 만들 수 있지만, 현실적인 결과를 얻을 수도 있다.**[3-33]**

[3-34]   [3-35]

[3-36]

다른 사람들이 Midjourney를 활용한 프롬프트를 참고할 수
있는 **[midjourney feed]** 사이트가 있다. 이미지를 클릭하면 우측
에 프롬프트가 나오니 참고하자.

인스타그램 마케팅 자동화

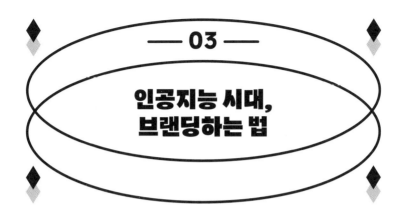

03

인공지능 시대, 브랜딩하는 법

***

　인공지능 기술의 급격한 발전은 우리의 일상의 다양한 부분을 변화시켰다. 일상에서의 간단한 일부터 전문적인 업무처리까지 AI의 영향력은 더욱 커지고 있다. 알파고와 이세돌의 바둑 대결 이후, 인공지능 기술은 단순한 호기심의 대상에서 생활의 일부로 자리 잡은 것이다.

　스마트폰의 AI 비서가 편의를 돕고, 스마트홈 시스템이 우리의 목소리로 집안 온도를 조절하기도 한다. 해외 기업에서는 대규모의 인력 감축 소식도 전해진다. 단순 반복 업무는 점점 자동화되고, 창의적인 사고와 전문 지식을 요구하는 직업이 중요한 역할을 할 수 있다.

　이러한 변화 속에서 '브랜딩(Branding)'은 단순히 제품이나 서비스를 알리는 것이 아니다. 기업이나 개인이 자신의 정체성을 명확하게 표현하고, 고객과의 관계를 형성하는 것이 브랜딩이다.

1) 브랜딩은 선택이 아닌 필수

브랜드는 고객에게 확실한 인상을 남겨야만 한다. 그럼 어떻게 AI 기술을 활용하여 남들과 차별화된 내 브랜드만의 가치를 제공할 수 있을까? Open AI의 CEO인 샘 올트먼(Sam Altman)은 AI 반도체 칩 개발을 위한 대규모 펀딩을 준비하고 있으며, 일론 머스크(Elon Musk)도 X(구 트위터)와 Grok을 통해 Midjourney와 협업을 모색하고 있다.

현재는 ChatGPT, Gamini 같은 도구를 활용해 간단한 아이디어로부터 효율적인 브레인스토밍을 할 수 있다. 이를 통해 적정한 아이템과 콘텐츠를 만들어내는 것이다. 2024년 엘림넷의 조사에 따르면, 직장인 1,000명 중 73% 이상이 AI 도구를 사용한 경험이 있다고 답했다. 즉 AI 기술이 개인의 일상에 깊이 자리 잡았다는 것이다.

지금 시대는 콘텐츠의 양이 폭발적으로 증가하고 있다. 콘텐츠가 넘쳐나는 시대에 개인과 기업이 주목받으려면, 단순히 AI 기술을 사용하는 것만으로는 부족하다. 여기서 브랜딩의 중요성이 나타난다. 브랜딩은 기업이나 개인의 정체성을 구축하고, 고객에게 인식되는 방식이다.

좋은 브랜딩이 이루어지면 사람들이 특정 제품이나 서비스를 생각할 때 자연스럽게 떠오르는 이미지가 있어야 한다. 예로 나이키의 'Just Do It', 애플의 'Think Different' 같은 슬로건이 있다. 단순한 광고 문구가 아닌 소비자들에게 브랜드가 추구하는 가치와 철학을 전달하는 힘이 담겨 있다. 따라서 '정보의 바다'를 넘어 AI

기술에 의해 '콘텐츠의 바다'에서 살아남으려면 브랜딩은 필수다.

2) 일관된 브랜딩에 필요한 4가지

단순히 내가 생각하여 좋은 상품을 만든다고 하여 사람들이 구매하는 건 아니다. 비슷한 콘텐츠나 제품을 만들어낸 경쟁자 중에 선택받기 위해서는 브랜딩이 필요하다. 일회성이 아닌 다시 찾는 맛집처럼 구성해야 한다.

일관된 브랜딩을 하기 필요한 사항 4가지를 알려주겠다.

첫 번째, 고객을 정의해야 한다.

브랜드의 메시지를 전달할 대상을 정하는 것이다. 어떤 고객들에게 무슨 메시지를 전달하고 싶은지 생각하자. 내가 상품을 만들었을 때 구매할 것 같은 사람이 대상이며, '나이, 성별, 지역, 소득 수준, 교육 수준, 관심사, 생활 방식' 등에 따라 정할 수 있다.

시장을 조사하는 과정에서 콘텐츠는 선명해진다. 이들이 중요하게 여기는 가치를 기준으로 플랫폼을 선정하고, 선호하는 방식으로 접근하자. 핵심은 불특정 다수가 아닌 나의 브랜드에서 상대하고자 하는 고객이다.

두 번째, 가치 있는 콘텐츠다.

콘텐츠는 다양한 형태와 목적이 있다. 정보성, 재미, 감동, 공감 등의 여러 가치가 있다. 정보를 전달하고자 한다면 '뉴스레터'나 '블로그'를 통해서 관련 정보를 전달할 수 있다. 동일한 주제의 콘텐츠라도 사람마다 스타일이 다르다. 사람마다 삶의 경험이 다르기에 생기는 차별점이 있어서다. 기본적인 화면 구성이 다르고, 가치관에 따라 강조하는 부분도 다르다. 음성도 차분하거나 열정적인 것처럼 다양한 부분에서 차이가 있다. 콘텐츠를 제작할 때 고객에게 무엇을 제공할 것인지 생각하자.

세 번째, 브랜드 아이덴티티를 형성한다.

브랜드의 시각적 요소를 형성해야 한다. 로고나 색상 팔레트, 이미지 스타일처럼 일관성을 가져야 한다. 로고는 브랜드의 정체성이나 가치와 연결된다. 색상 팔레트를 통해서 감정에 영향을 줄 수 있다. 브랜드에서 강조하고자 하는 핵심을 담아야 한다. 브랜드의 일관성을 유지한다면, 다른 경쟁자들과 차별화되어 고객이 인식할 수 있다.

네 번째, 진정성 있는 스토리텔링이 필요하다.

사람들은 단순한 정보보다는 이야기로 전달된 경험과 감정을 기억한다. 내 진정성이 담긴 스토리텔링으로 나만의 경험이나 가치관을 자신의 브랜드와 연할 수 있다. 이를 통해 고객에게 브랜드에 대한 신뢰를 높일 수 있을 것이다.

* * * * *

중요한 점은 브랜딩과 마케팅은 각각 관리해야 한다. 브랜딩을 한다고 모든 사람이 알아주는 것은 아니다. 이를 홍보하기 위한 마케팅은 별도로 해야 한다. 예를 들어 영화가 개봉하는 시기에 맞춰 배우들이 TV에 나오는 것은 마케팅을 위함이다. 이렇듯 나를 알리려면 다양한 공간에서 자신을 알리는 것도 필요하다.

3) AI 시대 브랜딩의 핵심

한국 사회는 문제에 대한 정답을 찾는 구조에 익숙하다. 학교에서의 시험 문제 해결 방식이 대표적인 예다. 앞으로는 문제를 정의하고, 이해하는 능력이 중요해질 것이다. 문제 해결 과정에서 '무엇을 입력해야 할지'를 아는 것, 즉 '본질'을 정확히 파악하는 능력이 필요하다. 정확한 문제 정의를 하면 '해결책'은 AI 도구의 도움을 받을 수 있다.

우리는 시대의 변화 속에서 자신의 가치를 발견하고 강화하는 데 집중해야 한다. 생물학자로서 진화론을 주장한 찰스 다윈(Charles Darwin)은 이렇게 말했다.

"살아남는 것은 가장 강한 종이나 가장 똑똑한 종들이 아니라, 변화에 가장 잘 적응하는 종들이다."

물론 모든 사람이 변화의 최전선에 서야 하는 건 아니다. 핵심은 '변화를 이해하고, 그 속에서 옳고 그름을 판단할 수 있는 능력'이다. 기술의 발전에 따른 직장 상실의 두려움보다는 변화에 적응하고, 이것을 자신의 이점으로 전환하는 데 초점을 맞춰야 한다.

AI 기술의 급격한 발전은 폴리매쓰(Polymath, 박식가), 즉 여러 분야에 관심을 가진 사람들에게 특히 유용할 것이다. 과거보다 배움에 소요하는 시간이 훨씬 줄어들면서 다양한 분야에 대한 정보를 학습할 수 있다. 한 분야에 제한되지 않고, 여러 분야에서 전문성을 갖출 수 있게 된 것이다. 이런 조합을 통해서 '나만이 가진 특별함'을 마련할 수 있다.

우리는 저마다 살아오면서 쌓인 경험과 지식, 가치관 등이 있으며, 똑같은 정보라도 서로 다른 방식으로 이해하고 전달한다. 대화의 톤에서도 나긋한 목소리와 힘이 담긴 목소리가 주는 느낌이 다르다. 감동이나 공감을 주는 스토리도 사람마다 다르게 풀어낸다. 따라서 AI 기술이 해결할 수 없는 '인간만의 특성'을 살려야 한다.

AI 시대의 브랜딩은 단순한 마케팅 전략이 아니다. AI의 무한한 가능성과는 별개로 인간만이 가진 감성과 창의력을 통해 차별화된 가치를 제공하는 것이 핵심이다. 인간의 영역을 잘 이해하고, 일관된 이미지를 통해 인지도를 높이는 것이 필요하다. 시간이 지남에 따라 브랜드는 가치를 더해가며 고객과의 관계를 유지하는 기반이 마련될 것이다. 고객들이 나를 찾아올 수 있도록 브랜딩해야 한다.

— 04 —

챗GPT 활용의 기본

* * *

    수많은 '인공지능(AI) 대화형 모델'이 등장하고 있다(ChatGPT, Gamini, Claude 등). 이런 AI 도구는 인간과 유사하게 대화할 수 있는 능력이 있으며, 일상 대화부터 복잡하고 전문적인 질문까지 도움받을 수 있다. 많은 사람이 AI 도구를 활용하는 방법을 궁금해하고 있으며, 해외 한 논문은 〈인공지능 대화형 모델을 효과적으로 활용하는 데 도움이 되는 26가지 방법〉을 소개하기도 했다.

    이 논문에는 금전적인 팁이나 벌칙 설정처럼 새로운 접근 방식을 제시했다. 이렇게 AI를 통해서 만족스러운 결과를 얻기 위한 전략은 전혀 예상하지 못한 영역에도 존재한다.

> Principled Instructions Are All You Need for
> Questioning LLaMA-1/2, GPT-3.5/4
>
> Sondos Mahmoud Bsharat*, Aidar Myrzakhan*, Zhiqiang Shen*
> *joint first author & equal contribution
> VILA Lab, Mohamed bin Zayed University of AI

[3-37]

우리가 AI 도구를 사용하는 이유는 '효율성' 때문이다. 나의 작은 아이디어를 기반으로, 인공지능과의 대화를 통해 사고력을 키울 수 있다. 이런 브레인스토밍(Brainstorming) 과정에서 창의적인 아이디어를 얻는 것이다.

하지만 기대만큼 만족스러운 답변을 얻지 못할 수도 있다. 이번 챕터에서는 단순한 입력만으로 ChatGPT의 성능을 극대화하는 방법을 알아보겠다.

초보자도 쉽게 할 수 있는 7가지 방법을 소개한다.

1) 정확한 질문하기

AI 도구를 사용할 때 기본은 '정확한 질문'이다. 정보를 검색하는 여러 가지 방법이 있는데, AI 도구는 입력한 정보만큼 출력하는 결과가 다르다. 그래서 나의 상황에 맞는 답변을 얻으려면, 무엇을 원하는지 정확히 요청해야 한다. 그럼 질문을 통해 답변이 달라질 수 있다면, 어떤 방식으로 물어봐야 할까? 포괄적인 질문은 피하고, 모호한 표현이 아닌 구체적인 질문을 해야 한다.

예를 들어 단순히 "재테크 방법을 알려줘"라고 묻는 건 너무 범위가 넓다. 자칫 생각한 분야와 다른 답변을 할 수 있으며, 실망스러운 답변이 나올 수도 있다. 이럴 때는 구체적으로 "사회 초년생이다. 매달 급여를 어떤 식으로 관리해야 할지 모르겠다. 저축이나 연금 같은 재테크 분야의 조언을 바란다"라고 수정할 수 있다.

더 세밀하게 '저축의 기간은 어떻게 되는지, 모으고자 하는 금액은 얼마인지' 등을 설정하는 게 좋다. 또 투자성향이 보수적인

지 공격적인지 스타일을 언급할 수도 있으며, 이 돈을 어떤 방향으로 활용할 것인지 알려주면 도움이 된다.

또한, "글쓰기 팁을 알려줘"라는 요청은 "한 달 전에 블로그를 시작한 초보다. IT 분야에서 활동하려고 하는데, 어떤 방식으로 정보를 모으고 운영하면 좋을지 조언을 해주면 좋겠다"로 수정할 수도 있다.

처음부터 만족스러운 결과를 얻기 어려울 수 있다. 챗GPT는 기존에 나누었던 대화를 기억한다. 추가적인 질문과 대화를 하면 원하는 결과에 가까워질 것이다.

2) 역할, 목적, 상황 설명하기

사용자가 어떤 대화를 나눌 것인지에 따라 '역할, 목적, 상황' 을 설명해야 한다. 예를 들어 학업이나 전문적인 정보가 필요하다면, '교수'라는 역할을 부여할 수 있다. 반대로 콘텐츠를 제작한다면 '마케터', '크리에이터'로 지정하면 된다. 즉 무엇을 제작하거나, 어떤 정보가 필요한지, 그 이유가 무엇인지를 함께 설명한다.

[예시 1] 다이어트를 위한 식단을 작성 바란다.
[예시 2] 당신은 10년 차 한식 전문가입니다. 한 달 후 여행을 가기 전에 몸매를 개선하기 위한 다이어트를 하려고 한다. 건강에 좋은 식재료로 맛있는 요리를 하고 싶다. 4주간의 다이어트 식단을 표로 작성 바란다.

똑같은 다이어트 식단을 요청하지만, 서로 다른 두 가지 예시가 있다. ChatGPT는 맥락을 이해하는 편이다. **[예시 2]**처럼 역할, 목적, 상황을 설명하자. **[예시 1]**처럼 단순한 요청을 하는 것보다 해당 분야의 경력을 언급한다면 큰 도움이 된다. 전문지식을 얻고 싶을 때는 교수님, 건강 관리를 하고 싶을 때 필라테스 강사나 헬스 트레이너를 언급할 수도 있다.

3) 출력 방식 정하기

정보 작성에 적합한 '출력 방식'을 정하는 것만으로 정보와 전달력이 달라진다. 사용자의 목적에 따라 결정할 수 있으며, 정보를 이해하는 데 도움을 준다. 즉 얻으려는 정보의 유형에 따라 적합한 방식으로 받아야 한다. 예를 들어 장문의 글은 가독성이 떨어진다. 이때는 "지금까지 나눈 대화를 한 문단으로 요약해달라"라고 할 수 있다.

출력 방식은 크게 4가지로 **[리스트 방식, 표 방식, 요약 방식, 문답(Q&A) 방식, 자주 하는 질문(FAQ) 방식]**이 있다. 각자 원하는 출력 방식이 다르며, 추가 언급하지 않은 방식도 있다. 아래 4가지에서 각자가 필요한 방식을 테스트하라. 여러 개의 항목이나 아이디어를 간결하게 제시할 수 있다. **(참고로 하단은 똑같은 주제에 대한 결과물을 비교한 것이다.)**

① 리스트 방식

정보를 간결하게 나열하는 방식이다. 주로 단순한 정보 전달이 필요할 때 사용한다. 옵션이나 아이디어, 순서 등을 빠르게 이해할 수 있도록 한다. 가독성이 높고 정보의 핵심을 파악하는 장점이 있다.

1. 예산 설정
   - 핸드폰 구매에 사용할 수 있는 예산을 설정합니다.
2. 필요한 기능 및 용도
   - 주로 사용할 용도 (예: 게임, 사진 촬영, 비즈니스, 소셜 미디어 등)를 고려하여 필요한 기능을 정리합니다.
3. 운영체제
   - iOS(애플)와 안드로이드(삼성, LG, 구글 등) 중 선호하는 운영체제를 선택합니다.
4. 브랜드 및 모델
   - 선호하는 브랜드와 모델을 조사합니다.
   - 최신 모델과 이전 모델 간의 차이점을 비교합니다.

[3-38] 리스트 방식

② 표 방식

정보를 행과 열로 구성한 그리드 형태로 제공하는 방식이다. 구조화된 정보 전달에 유용하다. 수치로 된 데이터를 표현하기도 하지만, 체계적으로 표현하여 차이점이나 연관성을 파악하기도 한다.

항목	내용
예산 설정	핸드폰 구매에 사용할 수 있는 예산을 설정합니다.
필요한 기능 및 용도	주로 사용할 용도 (예: 게임, 사진 촬영, 비즈니스, 소셜 미디어 등)를 고려하여 필요한 기능을 정리합니다.
운영체제	iOS(애플)와 안드로이드(삼성, LG, 구글 등) 중 선호하는 운영체제를 선택합니다.
브랜드 및 모델	선호하는 브랜드와 모델을 조사하고, 최신 모델과 이전 모델 간의 차이점을 비교합니다.
카메라 성능	사진과 동영상 촬영의 품질을 결정하는 카메라 성능을 확인합니다.
배터리 수명	하루 종일 사용할 수 있는 충분한 배터리 용량을 확인합니다.
저장 용량	사진, 동영상, 앱 등을 저장할 수 있는 충분한 저장 용량을 선택합니다.

[3-39] 표 방식

③ 문답(Q&A) 방식

질문에 대한 답변을 제공하는 방식이다. 궁금증을 해소하는 데 효과적이며, 사용자가 특정 주제를 이해할 때 돕는다.

Q1: 어떤 카메라 스펙을 중점적으로 봐야 하나요?

A1: 사진을 잘 찍고 싶다면 카메라의 해상도, 조리개 값, 센서 크기, 그리고 광학 이미지 안정화(OIS) 기능을 확인하는 게 중요해요. 해상도는 보통 높을수록 좋지만, 센서 크기와 품질도 중요하니까 간과하지 마세요. 그리고 조리개 값이 낮을수록 어두운 환경에서도 좋은 사진을 찍을 수 있어요. OIS 기능은 손 떨림 방지에 좋고, 다양한 촬영 조건에 맞는 초광각과 망원 렌즈가 있으면 더 좋겠죠.

Q2: 어떤 기능이 있는 카메라가 좋은가요?

A2: 사진을 찍을 때 나이트 모드, 포트레이트 모드, 프로 모드, HDR 기능, 그리고 AI 카메라 같은 기능들이 유용해요. 나이트 모드는 어두운 곳에서도 밝은 사진을 찍을 수 있게 해주고, 포트레이트 모드는 인물 사진을 더 멋지게 만들어줘요. 프로 모드는 ISO나 셔터 속도 등을 수동으로 조절할 수 있어서 창의적인 사진을 찍을 수 있답니다. HDR는 고대비 환경에서 유용하고, AI 카메라는 자동으로 장면을 인식해서 최적의 설정으로 찍어줘서 편리해요.

[3-40] 문답(Q&A) 방식

④ 자주 하는 질문(FAQ) 방식

일반적인 질문에 대한 답변을 제공하는 방식이다. ChatGPT에서 흔히 생기는 문제나 궁금증에 답변한다.

핸드폰 구매 시 자주 묻는 질문(FAQ)과 답변을 정리해드릴게요.

Q1: 예산을 어떻게 설정해야 하나요?

A1: 예산은 현재 재정 상태와 핸드폰에 필요한 기능을 고려하여 설정하세요. 최신 모델이 아니더라도, 예산 내에서 성능과 기능이 만족스러운 모델을 찾는 것이 중요합니다. 30만 원대부터 100만 원 이상까지 다양한 옵션이 있으니, 필요한 기능을 중심으로 예산을 정해보세요.

Q2: 어떤 운영체제가 좋나요?

A2: iOS와 안드로이드 모두 장단점이 있습니다. iOS는 안정성과 보안, 그리고 애플 생태계와의 연동이 강점입니다. 안드로이드는 다양한 기기 선택과 커스터마이징 가능성이 크고, 구글 서비스와의 연동이 좋습니다. 개인의 사용 환경과 취향에 따라 선택하세요.

Q3: 브랜드는 어떻게 선택하나요?

A3: 삼성, 애플, LG, 구글, 화웨이 등 다양한 브랜드가 있습니다. 브랜드별로 강점이 다르니, 자신이 중요하게 여기는 기능과 디자인을 기준으로 선택하세요. 예를 들어, 애플은 iOS와의 호환성이 뛰어나고, 삼성은 다양한 모델과 안드로이드 커스터마이징 기능이 좋습니다.

[3-41] 문답(Q&A) 방식

4) 질문 활용하기

ChatGPT와 대화하는 과정에서 질문을 요구할 수 있다. 질문 활용법은 깊이 있는 상호작용으로 정보의 정확도를 높이며, 사용자가 원하는 답변을 얻을 수가 있다. 질문을 입력할 때 ChatGPT에 답변에 필요한 정보를 요청할 수 있도록 하는 것이다. 목적에 맞는 답변을 하기에 맞춤형 정보를 얻을 수 있게 된다.

핸드폰을 구매하고 싶은데 추천해줘.
필요한 정보가 있다면 나에게 객관식 질문을 5개만 해줘.

[3-42]

개인에게 최적화된 결과를 얻기 위해서는 정보가 필요하다. 자신이 생각하는 것과 AI 도구가 필요로 하는 정보는 다를 수 있다. 객관식으로 질문을 요구할 수도 있다. 이 부분을 참고하여 질문을 주고받는 과정을 가지면 좋은 결과를 마주하게 될 것이다.

핸드폰을 추천하기 위해 몇 가지 객관식 질문을 드릴게요. 답변해주시면 최적의 핸드폰을 추천해드릴 수 있습니다.

1. 예산은 어느 정도인가요?

- A. 30만 원 이하
- B. 30만 원 - 60만 원
- C. 60만 원 - 100만 원
- D. 100만 원 이상

2. 주로 어떤 용도로 핸드폰을 사용하시나요?

- A. 기본적인 통화와 문자
- B. 소셜 미디어와 웹 서핑
- C. 사진 촬영과 편집
- D. 고사양 게임과 멀티태스킹

[3-43]

B,C,A,C,B

[3-44]

[3-15]

5) 정보와 자료 활용하기

ChatGPT와 바로 대화를 해도 괜찮지만, 사용자가 제공하는 정보를 기반으로 하면 답변의 퀄리티를 높일 수 있다. 예를 들어 최신 연구 결과, 통계 자료, 기사를 제공하면 된다. 시각자료인 PPT나 그림 업로드도 가능한데, 이를 통해서 콘텐츠 아이디어를 만들어낼 수 있다.

쉬운 방법으로 "인터넷 검색을 해줘"라는 요청으로 외부 웹사이트를 통해 정보를 수집할 수 있다. 이로써 과거 하나하나 탐색을 하는 것보다 빠르게 다양한 정보를 얻는다. 외부 논문이나 보고서의 분석도 가능하기에 답변하는 수준이 더 구체적이고 전문적이다.

> NIVDIA의 최신 뉴스를 검색해줘. 반도체와 관련해서 알아볼거야.

[3-46]

> 최근 NVIDIA는 반도체 분야에서 주목할 만한 몇 가지 혁신적인 발표를 했습니다. 여기 몇 가지 주요 내용을 정리해드릴게요.
>
> **NVIDIA cuLitho 플랫폼**
>
> NVIDIA는 TSMC와 Synopsys와 협력하여 차세대 반도체 칩 제조를 가속화하기 위해 cuLitho라는 새로운 컴퓨팅 리소그래피 플랫폼을 도입했습니다. 이 플랫폼은 GPU 기반 가속 컴퓨팅과 생성형 AI를 활용하여 현재 CPU 기반 방법보다 최대 60배 빠른 속도로 반도체 제조를 진행할 수 있게 합니다. 특히, 이 기술은 광학 근접 보정(Optical Proximity Correction, OPC) 과정에서 혁신을 가져와 칩 생산 시간을 크게 단축하고 전력 소모를 줄일 수 있습니다 (NVIDIA Newsroom) (NVIDIA Newsroom).
>
> **협력과 성과**
>
> NVIDIA의 cuLitho 플랫폼은 이미 TSMC의 생산 라인에 도입되어, 기존 방법보다 45배 빠른 곡선형 마스크 패턴 처리 속도를 기록했습니다. Synopsys의 Proteus 마스크 합성 소프트웨어와 통합된 이 플랫폼은 반도체 제조 공정에서의 효율성을 크게 향상시켰습니다. 또한, 생성형 AI를 적용하여 기존 방식보다 두 배 더 빠르게 광학 근접 보정(OPC) 작업을 완료할 수 있습니다 (NVIDIA Investor Relations).
>
> **향후 전망**
>
> NVIDIA와 파트너들의 협력으로, cuLitho 플랫폼은 2nm와 그 이상의 노드에서도 사용될 예정입니다. 이는 반도체 산업의 지속적인 스케일링을 가능하게 하며, 더 나은 설계 규칙, 높은 밀도, 높은 수율을 제공할 것으로 기대됩니다 (NVIDIA Newsroom).
>
> NVIDIA의 이러한 혁신은 반도체 제조 공정의 복잡성을 줄이고, 새로운 기술 노드를 위한 기반을 마련하는 데 큰 기여를 하고 있습니다. 더 자세한 정보는 NVIDIA의 공식 뉴스룸에서 확인할 수 있습니다.

[3-47]

그러나 정보의 신뢰성을 파악하기 위해 출처 확인은 필수다. 콘텐츠를 제작하는 과정에서 어려움을 느끼는 이유 중 하나가 '정보의 부족'이다. AI 도구를 활용하면 큰 도움이 될 것이다.

6) 단계별 접근하기

단계별 접근이란 'Step by step'처럼 순서대로 설명을 요구하는 것이다. 복잡한 문제를 이해하고자 할 때 도움이 된다. 시작에 앞서 어떤 방식으로 접근하면 좋을지 순서를 알아낼 수 있다. 다음은 해외여행에 대해 단계별로 설명을 요청한 내용이다.

싱가포르로 3박 4일 여행을 준비하기 위한 6단계를 다음과 같이 안내드릴게요.

1. **여권 및 비자 준비:**

- **여권 확인:** 유효기간이 최소 6개월 이상 남았는지 확인합니다.
- **비자 확인:** 한국 국적자는 싱가포르 입국 시 90일까지 무비자 체류가 가능합니다. 특별한 비자가 필요하지 않으니 안심하세요.

2. **항공권 및 숙소 예약:**

- **항공권 예약:** 싱가포르로 가는 항공권을 예약합니다. 가격 비교 사이트를 통해 최저가 항공권을 찾아보세요.
- **숙소 예약:** 여행 일정에 맞춰 호텔, 호스텔, 에어비앤비 등의 숙소를 예약합니다. 위치와 리뷰를 고려해 안전하고 편리한 숙소를 선택하세요.

[3-48]

뭔가를 하는 과정에서 생기는 문제를 최소화할 때 사용한다. 크리에이터가 아닌 일상에서도 적용할 수 있는 방법이다. 예를 들면 여행 준비를 할 때 어떻게 해야 하는지, 가계부를 정리하는데 어떤 방식이 좋은지 조언을 구할 수 있다. 그러면 기초적인 단계에서부터 답변을 준다.

7) 경험 공유하기

흔히 말하는 스토리텔링(Storytelling) 방법이다. AI 도구를 사용하지 않는 사람들은 'AI는 모두 똑같은 글을 작성한다'라고 생각한다. 하지만 사용자 자신의 경험을 녹여내면, 개인적인 글을 작성할 수 있다. 정보를 모은 도서관을 운영하는 있는 'AI 비서'라고 여기면 이해가 빠르다. 즉 사용자가 질문하면 서적을 뒤져서 관련 답변을 한다.

대부분 사람이 똑같은 답변을 받을 수도 있다. '학습한' 데이터 기반이기 때문에 '개인적인 내용'이 없다면 기존의 정보만을 이용해서다. 그러면 사람의 감성은 없고 AI는 똑같다고 여기게 된다. 이를 개선하기 위해서는 개인적인 경험이나, 생각을 알려주어야 한다. 자신의 경험을 다듬어지지 않은 날것의 상태로 입력해도 괜찮다.

이런 추가적인 정보를 참고해서 글을 다시 작성해달라고 요청한다면 다른 결과가 나온다. 유의할 점은 AI 도구가 작성한 글은 반복적인 단어 사용하는 등 단점들이 있다. 따라서 최종적으로는 사람의 손길이 닿아야 한다.

▶**챗GPT 기초**

https://chatgpt.com/share/4fbc2c18-4cb5-42f0-8206-4dc8070adfd0

챗GPT 100% 활용하는 법

* * *

지금은 콘텐츠 제작에 활용할 수 있는 여러 가지 AI 도구가 있다. 어떤 AI 도구를 사용해도 크게 상관없으며, 사용자의 목적에 적합한 AI 도구로 자신의 작은 아이디어를 넓히고, 콘텐츠의 퀄리티를 높일 수 있다. 그런데 AI 도구를 사용할 때 '내가 누구에게 말하고 있는 건지, 이 콘텐츠의 반응이 어떠한지' 등의 고민도 생긴다.

이럴 때 ChatGPT를 활용해서 도움을 얻을 수 있다. 이것을 총 4단계로 설명하겠다. 마지막에는 지금까지 알려준 것을 도대로 하나의 콘텐츠를 제작하는 실전 과정을 담았다. 인스타그램 활용의 어려움을 극복하는 데 도움이 되기를 바란다.

1) 고객 페르소나 만들기

'고객 페르소나(Persona)'는 특정 제품이나 서비스를 이용할 고객의 이미지다. 나이, 성별, 직업, 관심사 등의 특성을 모두 포함하며, 마케팅이나 콘텐츠 제작의 기준점으로 이용된다. 페르소나를 통해 목표하는 고객의 관심사를 이해할 수 있다. 광범위한 아이디어가 아닌 고객 페르소나의 마음에 드는 콘텐츠를 제작하는 것이다.

예를 들어 젊은 여성을 대상으로 하는 패션 브랜드라면, 이들의 라이프 스타일, 선호하는 패션 스타일, SNS 사용 습관 등을 고려해야 한다. 고객을 직접 대면하지 않고, AI를 통해서 가상의 고객을 정의하는 방법이다.

지금은 인스타그램이나 유튜브에서 날마다 엄청난 양의 콘텐츠가 쏟아지는 세상이다. 이런 세상에서 내 콘텐츠가 살아남으려면 '뾰족한 타깃'이 필요하다. 불특정 다수가 아닌 단 한 사람을 만족시키기 위해서라도 고객 페르소나를 정의해야 한다. 개인 SNS를 운영한다면 콘텐츠의 방향성과 목적성을 분명히 하는 데 도움이 될 것이다.

자신의 글과 생각이 담긴 콘텐츠를 사람들이 보지 않으면(보지 않는 느낌을 받을 때도) 지칠 수밖에 없다. 이때 내가 원하는 고객을 정의한다면, 그들을 위한 콘텐츠를 게시할 수 있다. 불특정 다수가 아닌 날카로운 바늘처럼 뾰족한 대상이 필요하다.

이 대상이 되는 고객 페르소나를 ChatGPT를 활용하여 정의하자. 먼저 기본적인 인구 통계 정보(성별, 나이, 거주지)부터 시작한다. 그다음 그들의 관심사, 취미, 소비습관, 교육 수준, 사용하는 디지털 플랫폼에 대한 정보를 추가한다.

고객을 찾는 것은, 인스타그램(기타 SNS 포함) 활동으로 상품 판매를 하는 사람들에게는 필수적이다. 가상의 페르소나를 기반으로 콘텐츠의 방향을 정할 수 있다. 이들의 특성과 필요를 분석하여 어떤 유형을 선호하는지 결정하게 된다.

예를 들어 웰빙에 관심 있는 30대 여성 직장인이 타깃으로 삼자. 건강한 생활습관, 스트레스 관리 방법, 다이어트 식단 같은 유형이 있다. 이들에게 어필할 수 있는 영상, 글 같은 콘텐츠를 올리고, 이들이 사용하는 플랫폼을 찾아서 배포하면 된다.

유의할 것은 콘텐츠 제작에 소요하는 시간과 에너지에는 한계가 있다. 만약 기대 이하의 결과가 나온다면 지치면서 멈출 수가 있다. 꾸준함을 유지하려면 나의 방향이 틀리지 않음을 증명해야 한다. 이를 위해서 고객 페르소나 설정은 불필요한 콘텐츠 제작을 피하게 만든다.

2) 아이디어 브레인스토밍 하기

'브레인스토밍(Brainstorming)'을 통해서 작은 아이디어도 콘텐츠 아이디어가 될 수 있다. 되기도 한다. 콘텐츠 제작 과정 중 브레인스토밍은 필수로써 이런 창조적인 과정을 거치며 새로운 아이디어가 나오거나, 기존의 지루한 아이디어가 매력적인 콘텐츠로 발전되기도 한다.

다양한 관점에서 바라보고 생각하면 아이디어는 깊어진다. 따라서 혼자보다는 타인들과 함께하는 의논이 필요하다. 그런데 매번 우리가 타인과 교류할 수는 없는 현실이다. 혼자만의 시간 속에서 어떤 방법을 선택해야 할까? 의견을 여러 방향에서 바라보고 다듬어나가야 한다.

이때 ChatGPT를 활용하여 우리가 설정하는 스타일에 따라 브레인스토밍을 이어나갈 수 있다. 특정 주제에 관한 질문을 계속하면, 새로운 접근 방법을 알 수가 있다. 콘텐츠는 사람마다, 상황마다, 대상마다 다르게 전개된다. 답변에서 나온 한 가지를 집중적으로 의논하자.

초기에 마음에 들지 않는다고 멈추지 말자. 그럴수록 실제로 활용할 수 있는 수준까지 구체적인 질문을 하는 것이 필요하다.

3) 콘텐츠에 대한 조언과 개선점 찾기

콘텐츠를 제작할 때 중요한 것은 피드백을 통한 개선과 발전이다. 이를 위해서는 기존 콘텐츠에 대한 정확한 평가가 필요하다. 사람들에게 들을 수도 있지만, 어렵다면 ChatGPT를 활용하면 된다. 즉 내가 만든 콘텐츠가 무엇을 말하고 있는지 물어보는 것이다.

그러면 사람들의 반응은 물론 개선하려면 어떻게 해야 하는지 구체적으로 파악할 수 있다. 이런 과정을 통해서 내 콘텐츠에서 아쉽고 개선할 점을 찾아서 제작할 수 있다. 내가 원하는 고객을 이해하고, 그들이 선호하는 콘텐츠로 제작 방향을 잡는 것이다.

또한, ChatGPT로 내 콘텐츠의 강점과 약점을 분석할 수가 있다. 내가 만든 콘텐츠 일부를 업로드하며 개선을 요구하는 것이다. 이때 단순히 물어보는 것보다 특정한 방향을 제시하자. 예를 들어 '정보가 정확한지, 설득력이 있는지, 사람들이 공감할 수 있는 콘텐츠인지' 분석 사항을 요구할 수 있다.

이를 통해서 잠재적인 문제점을 파악하고, 고객의 예상 반응을 알 수 있다. 즉 글의 자연스러운 흐름을 구성하게 되고, 주제가 뒤죽박죽 섞이지는 않았는지를 평가한다. 이런 개선 과정을 통해 콘텐츠 제작자는 자신이 가진 역량을 모두 발휘할 수 있을 것이다.

4) 고객 반응 예측하기

콘텐츠를 업로드할 때는 고객의 반응을 고려하는 것이 중요하다. 지극히 개인적인 이야기는 사람들에게 닿지 않는다. 물론 공감을 살 수도 있지만, 반대로 일기장에 들어갈 수준이라는 비판적인 관점도 있다. 그럼 내가 만든 콘텐츠에 대한 사람들의 반응을 예측할 수 있다면 어떠할까? 더욱 효과적이고 고객에게 맞는 메시지를 담을 수 있을 것이다

'일 방향'의 주입식으로 나오는 말이 아닌, 고객이 관심을 가질 수 있도록 하는 것이다. 사람들은 무언가를 경험할 때 공감, 질문, 즐거움, 고마움 등 여러 가지 감정을 느낀다. 따라서 단지 바라보는 것이 아닌 참여할 수 있도록 만들면 좋다.

이를 기반으로 자신의 글을 재구성하고, 메시지를 최적화할 수 있다. 또한, 부정적인 요소를 사전에 판단하여 개선할 수가 있고, 긍정적인 면은 강화할 수 있다. 결과적으로 고객들이 반응할 확률이 높은 콘텐츠를 만들 수 있다.

ChatGPT는 기존의 정보를 학습하기 때문에 주고받는 대화를 통해 다양한 데이터를 학습시켜야 한다. 역할과 목적, 배경 등

을 제공하는 게 좋다. 그다음 임의의 콘텐츠 아이디어를 제시하고, 실제 어떤 식으로 반응하는지 분석하여 결과를 출력하라고 하면 된다. 그러면 어떤 반응을 가져오는지, 개선점은 무엇인지 알 수 있다.

핵심은 내가 요청하는 사항마다 다른 결과를 가져오는 것이다. 항목을 지정할 수도 있고, 답변의 길이를 정할 수도 있다. 반응을 분석한다면 이를 기반으로 추가적인 질문을 하게 된다. AI를 활용하면 다양한 관점에서 대상을 바라보게 된다. 고객의 감정이나 행동을 예측하여 자신의 글이나 콘텐츠로 개선해보자.

또한, 고객의 반응을 높이기 위해 콘텐츠의 톤, 스타일, 정보 등을 조정할 수 있다. 특정 콘텐츠가 인기가 있을 것 같은 생각이 들면 추가적인 아이디어를 전개하자. 반대로 부정적인 요소를 파악하여 개선하거나 삭제하면 된다. 이런 과정으로 완성도를 높일 수 있지만, 적절한 수준을 유지하는 게 좋다. 실제 '행동'이 주가 되어야지 고민하는 시간이 길어져서는 안 된다.

지금까지 AI 도구를 활용하는 다양한 방법을 소개했다. 자신의 업무와 방향성을 고려해서 자신에게 적합한 활용법을 찾는 것이 중요하다. ChatGPT, Gamini, Claude 같은 AI 도구는 콘텐츠 제작자에게 큰 힘이 된다. 이런 도구들을 통해 아이디어 브레인스토밍부터 콘텐츠 제작까지 활용할 수 있다.

지금은 AI를 통해 콘텐츠를 만드는 것이 쉬워진 세상이다. 하지만 모든 것을 위임하는 것이 아닌 자신만의 생각이 담길 때 그 가치는 높아질 것이다.

ChatGPT의 답변 성능을 높이는 방법으로 '프롬프트 템플릿 (Prompt Template)'이 있다. 사용자가 직접 테스트한 결과가 만족스러울 때 저장한 것이다. 이것을 참고해서 다른 사용자들도 자신이 필요한 내용을 항목에 입력하면 쉽고 빠르게 결과를 얻을 수 있다.

ChatGPT를 활용하여 인스타그램 콘텐츠를 제작하는 실제 방법을 보여주겠다. 이것을 이해한다면 템플릿을 활용하는 시점에도 그 효율을 높일 수 있다. 인스타그램 등 SNS를 운영한 경험이 없는 사람이라는 가정으로 대화 방식을 사용했다. '역할, 목적, 배경, 출력 방식'은 물론 질문을 주고받는 법, 자기 스토리를 설명하는 과정도 있다. 실제로 활용하는 방법을 하나씩 잘 살펴보자.

당신은 마케팅 전문가입니다. 새로 인스타그램 계정을 개설하고자 합니다. 이 계정은 인플루언서가 되고 싶은 사람들을 위한 정보를 제공하는 것을 목표로 합니다. 본인의 취미는 독서와 글쓰기입니다. 이러한 배경을 바탕으로, 계정에서 다룰 주제를 결정하기 위해 객관식 질문을 5개 제시해 주세요.

[3-49]

1. 당신이 인스타그램 계정에서 가장 주력하고 싶은 콘텐츠 유형은 무엇인가요?

- A. 독서 리뷰 및 추천 도서
- B. 글쓰기 팁 및 창작 노하우
- C. 인플루언서 마케팅 전략 및 팁
- D. 개인 브랜딩 및 셀프 마케팅
- E. 도서와 글쓰기 관련 영감 및 명언

2. 팔로워들과 어떤 형태의 상호작용을 가장 많이 하고 싶으신가요?

- A. 책을 주제로 한 토론 및 라이브 채팅
- B. 글쓰기 챌린지 및 워크샵

[3-50]

A,D,A,E,B

[3-51]

1. 콘텐츠 유형: 독서 리뷰 및 추천 도서
2. 상호작용 형태: 독서 모임 및 북클럽 활동
3. 콘텐츠 형태: 짧은 책 리뷰 및 추천 글
4. 주요 테마: 독서와 글쓰기를 통한 자기 계발
5. 성장 전략: 글쓰기 워크샵 및 컨테스트

[3-52]

나는 독서와 글쓰기를 통한 자기 계발 전문가로 활동할 거야. 콘텐츠 제작 시 고려해야 하는 고객의 페르소나를 정의해줘.

인구학적 특성과 관심사, 취미, 소비습관, 교육 수준, 이용하는 디지털 플랫폼을 고려한다.

한 문단으로 정리하여 가독성을 높인다.

[3-53]

독서와 글쓰기를 통한 자기 계발 전문가로서 당신의 주요 고객 페르소나는 25-40세의 대학 졸업 이상의 학력을 가진 남녀입니다. 이들은 주로 도시에 거주하며, 지적 호기심이 많고 자기 계발에 열정을 가지고 있습니다. 주요 관심사는 독서, 글쓰기, 심리학, 리더십, 그리고 생산성 향상입니다. 취미로는 책 읽기, 글쓰기, 요가, 그리고 문화 예술 활동을 즐기며, 정기적으로 자기 계발 관련 서적과 온라인 강의를 구매합니다. 이들은 인스타그램, 유튜브, 그리고 링크드인을 주로 이용하며, 디지털 콘텐츠를 통해 새로운 정보를 얻고 영감을 받습니다.

한 사람의 가상 페르소나를 정의해줘.

[3-54]

물론입니다. 다음은 가상 페르소나의 예시입니다:

이름: 이수민
나이: 32세
성별: 여성
직업: 마케팅 매니저
거주지: 서울
학력: 대학 졸업 (영문학 전공)

개인적 배경:
이수민은 서울에 거주하며, 대학에서 영문학을 전공한 후 현재 중견 기업의 마케팅 매니저로 일하고 있습니다. 영어와 한국어에 능통하며, 꾸준히 자기 계발을 위해 노력하는 사람입니다.

[3-55]

콘텐츠 명	이유	예상되는 사람들의 반응
"하루 30분 독서 습관 만들기"	작은 시간 투자로 독서를 일상화하는 방법을 제시. 사람들이 쉽게 실천 가능.	긍정적인 반응, 많은 댓글과 참여, "도움이 된다"는 피드백.
"출퇴근 시간을 활용한 독서 팁"	바쁜 일상 속에서도 독서 시간을 만들 수 있는 방법 제시.	공감과 감사의 댓글, 바쁜 직장인들의 관심과 공유 증가.
"효율적인 독서 시간 관리법"	독서 시간을 최대한 활용할 수 있는 구체적인 시간 관리 방법 소개.	실질적인 팁에 대한 긍정적 반응, 다양한 연령대의 관심.
"주말 독서 마라톤 챌린지"	주말을 활용한 집중 독서 이벤트로 독서량을 늘리는 방법 제시.	참여 의지 높음, 공유 및 도전 후기 증가, 독서 커뮤니티 활성화.
"독서 타임 블로킹으로 시간 확보하기"	시간 블로킹 기법을 활용한 독서 시간 확보 방법.	시간 관리에 대한 흥미와 실천 의지, 긍정적 댓글과 실천 후기 공유.
"디지털 디톡스로 독서 시간 만들기"	디지털 기기를 줄이고 독서 시간을 확보하는 방법 제시.	디지털 피로감을 느끼는 사람들의 공감, 독서 시간 증가 사례 공유.

[3-56]

인스타그램 마케팅 자동화

하루 30분 독서 습관 만들기

안녕하세요, 독서와 글쓰기를 통한 자기 계발 전문가 이수민입니다. 오늘은 바쁜 일상 속에서도 쉽게 실천할 수 있는 **하루 30분 독서 습관 만들기**에 대해 이야기해보려고 합니다. 많은 분들이 독서의 중요성을 알지만, 시간이 부족하다는 이유로 독서를 멀리하곤 합니다. 그러나 하루 30분만 투자해도 독서 습관을 형성하고, 꾸준한 자기 계발을 이룰 수 있습니다. 어떻게 하면 하루 30분 독서를 생활화할 수 있을지, 몇 가지 팁을 소개해드릴게요.

1. 고정된 시간 정하기

하루 중 30분을 독서에 투자하기 위해 가장 좋은 방법은 고정된 시간을 정하는 것입니다. 아침에 일어나서, 점심 시간, 저녁 식사 후, 또는 잠들기 전에 30분을 독서 시간으로 설정하세요. 이렇게 하면 매일 일정한 시간에 독서를 하게 되어 습관으로 자리잡기 쉽습니다.

2. 책을 항상 가까이 두기

책을 항상 손 닿는 곳에 두세요. 출퇴근길 가방 속, 침대 옆, 식탁 위 등 언제든지 쉽게 꺼내서 읽을 수 있도록 하는 것이 중요합니다. 작은 틈새 시간을 활용할 수 있는 환경을 만들어 주세요.

[3-57]

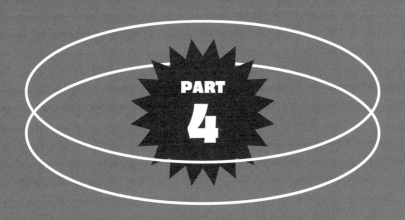

PART
4

온라인 마케팅과
오프라인 매출 함께 잡는 법

—— 이홍규 ——

부자창업스쿨 대표로 예비창업자와 상가투자자들의 상권분석을 돕고
있다. GS25, 공차, 버거킹에서 9년간 점포개발을 담당한 경험을 바탕으
로 맥형아카데미, 배민아카데미, 김종율아카데미에서 상권분석 강사로
활동 중이다. 유튜브 헤럴드스토리(헤럴드경제), 매부리TV(매일경제),
창톡에서 상권분석 전문 패널로 활동했으며, 《알면 보이고 보이면 돈이
되는 상권의 비밀》 저자이다.

부자창업스쿨

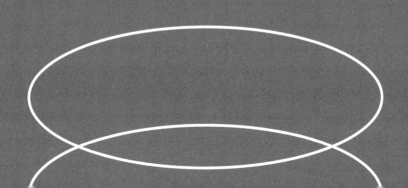

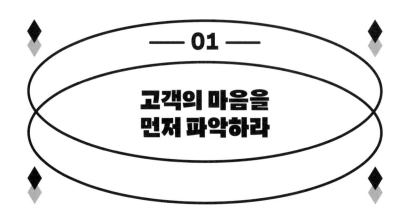

고객의 마음을
먼저 파악하라

✦✦✦

초보자들이 흔히 하는 착각이 있다.

'왜 사람들은 내 상품을 구매하지 않을까?'

'가격이 문제인가? 가격을 조정하면 판매가 늘어날까?'

'인플루언서의 상품이 판매가 잘 되는 건 트래픽이 높아서일까?'

'나도 인스타그램 팔로워나 유튜브 구독자를 늘려서 트래픽을 만들어야 할까?'

내가 좋은 상품을 만들어도 그것을 사주는 사람이 없으면 아무 소용이 없다. 내 브랜드의 가치를 몰라주는 고객들로 인한 고민은 대부분 한 번쯤 해봤을 것이다. 이런 경우 열에 아홉은 '내 상품의 가격을 낮추면 구매가 늘어나지 않을까?' 생각한다. 그러나 사람들이 지갑을 여는 것은 저렴한 가격이 아닌 충분한 '가치'를 느꼈을 때다.

고객이 가치를 느끼는 순간은 크게 세 가지다.

첫째, 이 상품으로 현실의 문제를 해결할 것 같을 때

둘째, 나도 미처 몰랐던 문제점을 깨닫는 순간

셋째, 다른 상품들과 비교 시 압도적인 차별점이 있을 때

이 세 가지에는 공통점이 있다. 바로 '고객의 마음'에 선택이 달려있다는 것이다. 따라서 세일즈를 하거나 하고 싶은 사람이라면, 생산자의 관점이 아닌 '고객의 관점'으로 상품을 바라봐야 한다.

고객 관점의 예를 들며 설명하겠다.

[고민 파악] 사람들의 고민이 무엇인가?
창업을 준비 중인데 상권분석을 어디서부터 어떻게 시작해야 할지 전혀 감을 못 잡겠다. 누가 옆에서 자세히 알려주면 좋겠다.

[해결 제시] 내 상품이 해결해 줄 수 있다.
상권분석은 어려워서 못하는 게 아니라, 그 기준을 제대로 몰라서 어렵게 느껴지는 것이다. 상권 분석이 처음인 당신을 위해 1부터 10까지 자세히 알려주겠다.

---

1) 고객의 고민에서 상품 판매를 기획하다

나 역시 생산자의 관점에서 벗어나지 못해 여러 시행착오를 겪은 적이 있다. 정규 강의를 모집하기 위해 인스타그램, 블로그, 유튜브에 홍보는 기본에 메타 광고까지 돌렸다. 하지만 그 결과는 참담했다. 신청자는 단 한 명이었다.

당시 나는 이런 형편없는 결과의 원인이 '트래픽(Traffic)' 문제라고 여겼다. 그 후로도 이런 결과는 반복되었고, 그때마다 나는 고객이 내 가치를 몰라주는 원인은 역시 트래픽 때문이라고 잘못 생각했다.

어느 날, 와디즈 플랫폼에서 강의를 펀딩한 적이 있다. 이때도 높은 트래픽을 발생시키면, 목표한 매출을 달성할 수 있다고 생각했다. 그래서 광고비를 목표 매출액의 30%인 천만 원 수준으로 설정하여 광고를 집행했다. 초기에 반응률이 낮더라도 일단 트래픽을 발생시켜보자는 마음으로 광고를 집행했다.

그러나 펀딩 결과는 좋지 않았다. 중요한 것은 광고비를 얼마나 사용할 것인지가 아니었다. 핵심은 '광고 소재가 고객의 관심을 끄는가? 상세페이지의 내용이 충분히 고객을 설득하는 요소가 있는가? 강의 구성을 통해서 고객 스스로 문제를 해결할 수 있다는 믿음을 주는가?'였다.

즉 고객의 관점에서, 고객의 고민에 대한 정리가 필요했다. 하지만 당시 나는 고객의 고민이나 원하는 결과가 무엇인지 정리 없이 상품을 기획했다.

상품 구성을 할 때 고객의 고민에서 시작하지 않고, 생산자의 관점(내 상품의 특징, 강의 시간, 강사의 이력 강조 등)에 갇혀 기획하면, 고객들은 내 상품의 가치를 제대로 느낄 수 없다. 과거에는 고객들이 하는 생각을 파악하려고 설문지나 FGI(Focus Group Interview, 소규모 대상 인터뷰)를 활용했다.

그러나 지금은 SNS들을 활용해 더 빠르게 정리할 수 있다. 유튜브, 인스타그램, 네이버 카페를 활용해 고객의 생각을 파악하는 방법을 알려주겠다.

(1) 본문이 아니라 댓글을 확인해라

SNS에서 관련 콘텐츠를 찾았다면, 본문 내용보다는 댓글을 확인하면서 사람들의 이야기에 주목하라.

댓글을 통해서 주제에 대한 다양한 의견을 엿볼 수 있으며, 미처 인지하지 못했던 새로운 사실을 알게 되는 경우도 많다.

(2) 네이버 카페 '키워드 알림' 기능을 활용해라

네이버 카페는 사람들의 다양한 생각을 확인할 수 있는 좋은 도구이다. 문제는 텍스트의 절대량이 많아서 양질의 정보를 선별하기가 쉽지 않다. 이럴 때는 네이버 카페의 '키워드 알림' 기능을 통해 정보의 선별이 가능하다.

① 네이버 카페 검색창에 '상권분석'을 입력한다.

[4-2]

② '키워드'로 쓴 글을 체크한다.

[4-3]

이렇게 활성화된 커뮤니티를 찾아 '관심 키워드'를 등록하면, 해당 키워드로 새 글이 등록될 때마다 자동 알림을 받을 수 있다. 일일이 검색하며 글을 확인할 필요 없이 필요한 정보만 선별할 수 있다. 이런 방법을 통해 하루 30분이면 고객들의 생각과 고민을 누구나 쉽게 정리할 수 있다.

이 과정을 매일 반복하면 수집한 문장이 상품 기획, 상세페이지, 카피라이팅에 활용할 수 있는 귀중한 자료가 된다. **생산자가 아니라 고객의 관점에서 문제를 바라보면, 놓치고 있던 포인트를 분명 찾을 수 있을 것이다.**

── 02 ──

결제를 거절하는 고객도 관리하라

＊＊＊

고객은 내 상품을 '결제하는 고객'과 '거절하는 고객' 두 그룹으로 나눠진다. 퍼널 자동화는 고객의 의식이 어떻게 변하는지를 기반하며, 이 두 그룹을 관리하는 방법에 따라 매출이 달라진다. 그렇다면 매출은 어떤 요소들로 만들어질까? 지금부터 하나씩 설명하겠다.

1) 매출은 어떻게 만들어지는가?

매출을 공식처럼 풀어보면 [4-4]와 같다.

$$\text{매출} = \underset{\blacksquare\,1}{\text{고객 수}} \times \underset{\blacksquare\,2}{\text{구매 빈도}} \times \underset{\blacksquare\,3}{\text{구매 단가}}$$

[4-4]

즉 '고객 수, 구매 빈도, 구매 단가'가 매출의 기본요소로, 이

세 가지를 모두 고려해야 매출을 높일 수 있다. 그런데 가장 중요한 것은 결국 '고객 관리'이다. 그러면 고객의 관점에서 무엇이 필요한지 생각해보자.

첫째, 고객 수를 늘리는 방법은 무엇일까?

둘째, 구매 빈도를 늘리려면 어떤 방법이 있을까?

셋째, 구매 단가를 상승시키려면 무엇이 필요한가?

이 세 가지가 매출 상승을 목적으로 삼은 '고객 관리 시스템'을 만들기 위한 핵심 질문이다.

2) 그룹별 마케팅 전략은 달라야 한다

고객은 '기존 고객'과 '잠재 고객' 두 그룹으로 나눌 수 있다. 그룹별로 우리의 목표는 달라야 한다. 먼저 기존 고객은 '구매 빈도'와 '구매 단가'를 올릴 수 있는 전략이 필요하다. [4-5]

여기서 가장 중요한 것은 '기존 고객DB 관리'이다. 1인 사업자의 경우, 내 상품이나 서비스를 구매한 고객들의 DB관리를 제대로 못 하는 일이 많다. 일단 매출이 발생한 것만으로 만족하는 것이다. 만약 기존 고객DB가 없다면, 이건 막대한 손실을 보는 것이다.

지갑을 열 수 있는 고객을 찾기는 어렵다. 그리고 내 서비가 필요한 사람을 찾는 것은 더욱 어려울 수밖에 없다. 신규 고객을 찾는 과정에는 마케팅 비용이 들어간다. 그러니 초기 단계부터 고객 DB 관리를 철저하게 해야 한다.

또한, 기존 고객이 추가 구매할 수 있는 다른 상품이 준비되어야 한다. 만약 없다면 새로운 상품을 기획하자. 예를 들어 여행용 가방이 필요해서 들어간 매장에 가방 외에 다른 여행 관련 용품들이 진열되어 있다면, 고객들은 기꺼이 추가 구매할 확률이 높다. 어차피 내가 관심 있는 상품이기 때문이다.

온라인 비즈니스도 마찬가지이다. 더 높은 매출을 발생시키기 위해서는 먼저 고객이 추가 구매할 수 있는 다양한 서비스를 준비해야 한다. 더 나아가 멤버십이나 구독 서비스 개념으로, 주기적으로 이용할 수 있는 서비스 구성이 필요하다. 내 서비스가 필요한 고객을 찾는 여정에는 시간과 돈이 들어가기 때문이다.

고객에게 필요한 서비스 상품이 있다면 추가 제안을 통해 고객의 재구매를 유도하자. 이것은 개인화된 쿠폰 제공, 신상품에 대한 정보 제공, 맞춤형 일대일 상담 같은 방법으로 이루어질 수 있다.

시즌 제품이나 한정된 인원만 구매할 수 있는 상품이 있다면, 쿠폰을 제공하며 고객들의 구매욕을 자극할 수 있다. 또한, 카카오톡 채널, 네이버 카페, 이메일 구독을 통해 정기적으로 인사이트를 전달하면, 팬덤을 통한 고객 소통이 가능할 뿐만 아니라 지속해서 소통 채널을 유지할 수 있다.

3) 거절 고객의 마음을 사로잡아라

앞에서 말한 것처럼, 고객은 '결제하는 고객'과 '거절하는 고객'을 나뉜다. 당연히 서로 다른 전략이 필요하다. 결제하는 고객은 '구매 빈도, 구매 단가'를 증가시키는 것이 중요하다. 그리고 거절하는 고객은 먼저 '첫 구매'를 일으키는 것이 중요하다. 첫 구매를 해야 구매 빈도를 늘릴 수 있으며, 차츰 높은 단가의 상품 판매를 시작할 수 있다.

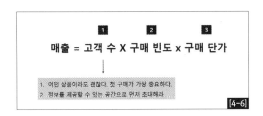

그런데 90% 이상의 대표가 거절하는 고객이 있으면 쉽게 포기한다. 거절 고객은 내 고객이 아니라는 섣부른 판단으로 관계를 끊어버린다. 심지어 거절하는 고객 관리의 중요성을 모른 채 시간 낭비라고 생각한다. 거절 고객은 우리의 '잠재 고객'이다. 당장은 구매까지 이어지지 않았지만, 얼마든지 구매로 전환될 수 있다는 것을 잊어서는 안 되낟.

고객이 구매를 거절하는 데는 '제품의 차별성, 가격, 구매 타이밍, 배송 기간' 등 분명한 이유가 있다. 만약 그 이유가 경쟁 상품 대비 차별성이 없어서라면, 내 상품의 본질을 강화하면 된다. 그런데 대부분 커뮤니케이션의 부족으로 구매까지 연결되지 않는 일이 많다.

거절하는 고객을 구매로 이끌기 위해서는 고객이 거절한 이유를 정확히 이해하고, 그에 대응하는 내용을 포함해야 한다. 맞춤형 솔루션을 제공함으로써, 거절 고객도 결국에는 가치를 인식하고 구매 결정을 내릴 수 있다. 거절하는 고객의 마음을 돌리는 것과 '새로운 고객'을 찾는 것은 본질적으로 똑같은 업무다. 2차, 3차 거듭 제안을 하면서 얼마든지 구매 전환을 할 수 있으니 거절하는 고객과의 관계를 절대로 끊지 말자.

내 브랜드의 세계관에 입장한 고객을 쉽게 나가도록 방치해서는 안 된다. 한번 결제한 고객은 더 큰 구매를 할 수 있고, 지금 당장 구매를 하지 않은 고객도 언젠가는 내 상품을 구매할 수 있는 '잠재 고객'이 될 수 있다.

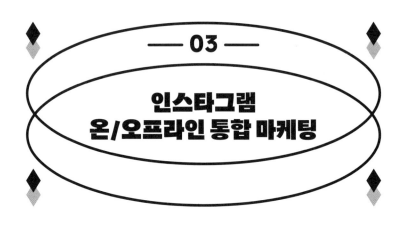

* * *

    우리나라는 오프라인 공간(식당, 카페, 피트니스센터, 병원, 펜션 등)에 대한 정보를 찾을 때 네이버 검색을 가장 많이 활용한다. 오프라인 비즈니스를 하는 사람들도 '네이버플레이스'와 '블로그'를 가장 중요하게 생각한다. 실제 내 주변의 오프라인 사업체 대표들도 네이버플레이스나 블로그 마케팅은 하지만, 인스타그램 마케팅은 한 번도 안 해본 경우가 많다.

    인스타그램만 잘 활용해도 온/오프라인 통합 마케팅이 가능한데, 좋은 도구를 제대로 활용하지 못하는 대표들이 많다는 사실에 안타까웠다. 몇몇 대표는 인스타그램 계정은 있어도 사업 운영 초기에 브랜드 홍보를 위한 제품이나 실내 공간에 이미지 몇 장만 올려놓고 방치된 게 대다수다.

    지금 시대는 오프라인 사업체를 운영하더라도 인스타그램 운영은 필수다.

1) 왜, 인스타그램인가?

인스타그램이 온라인과 오프라인 통합 마케팅의 중심이 될 수 있는 세 가지 이유가 있다.

첫 번째, 비주얼 마케팅이 가능하다.

MZ세대는 주로 인스타그램에서 정보를 검색한다. 인스타그램의 릴스(1분 내의 짧은 영상)와 이미지로 보기 쉽게 가공된 정보가 많이 있기 때문이다. 즉 네이버 블로그처럼 텍스트 위주 만들어진 콘텐츠가 아니기에 직관적으로 나에게 필요한 내용인지, 관심이 가는 정보인지 짧은 시간에 판단할 수 있다.

두 번째, 인스타그램에서 바로 구매 연결이 가능하다.

인스타그램은 콘텐츠 자체에 링크 삽입이 안 되는 단점이 있다. 하지만 아예 불가능한 것은 아니다. 프로필에 링크를 연결하여 매니챗(Manychat), 랜드봇(Landbot)과 연계된 자동화 마케팅으로 콘텐츠를 노출하며 잠재 고객을 찾을 수 있다. 그 반응에 따라 매출로 연결하는 것이 가능하다.

세 번째, 상대적인 경쟁 강도가 낮다.

네이버플레이스에 '○○맛집, ○○병원, ○○피트니스 추천' 등의 키워드로 상위 노출을 하기 위해서는 월 100만 원 이상 투자해야 한다. 강남과 같은 경쟁이 치열한 곳에서는 10배 이상의 비용이 들어간다. 네이버 블로그도 마찬가지다. 최근 네이버 블로그 로직이 변경되어 블로그 지수가 의미 없다고 이야기하지만, 이제

까지 블로그를 활용하지 않은 사람이 시작하기에는 그 진입장벽이 너무나 높다.

2) 어떤 콘텐츠를 올려야 하는가?

그러면 온/오프라인 통합 마케팅을 위해 어떤 콘텐츠를 올려야 할까? 인스타그램은 불특정 다수의 고객에게 내 브랜드를 노출하는 데 가장 적합한 플랫폼이다. 블로그는 글을 작성해야 하는 부담감이 있고, 유튜브는 섬네일 구성, 대본 기획 등 시간적인 투자가 많이 들어가기에, 유튜브 운영을 계획해도 오래도록 유지하기가 너무 어렵다.

하지만 인스타그램은 짧은 영상과 이미지만으로도 내 브랜드에 대한 다양한 스토리텔링이 가능하다. 누구나 쉽게 시작할 수 있으며, 폭발적인 효과를 얻을 수 있다.

온라인/오프라인 통합 마케팅에 활용할 수 있는 콘텐츠의 방향성 6가지를 소개한다.

(1) 나를 보여주기 (대표가 곧 브랜드)

사람들은 정보성 콘텐츠에만 반응하는 것이 아니다. 사실 인스타그램에도 광고성 콘텐츠가 많아졌다. 이런 시기에는 오히려 솔직담백하게 보여주는 '개인적인 이야기'가 사람들의 공감을 얻기도 한다.

[4-7] 잊힐리야의 인스타그램

'잊힐리야'는 인스타그램과 유튜브를 운영하는데, 인스타그램에는 젊은 공동대표 3명의 창업 스토리가 올려져 있다. [4-7] 이들은 SNS 소통을 통해 프랜차이즈 가맹 사업을 진행하고 있다. 그런데 놀랍게도 가맹을 원하는 대부분 예비가맹점주가 인스타그램, 유튜브 채널을 보고 찾아왔다.

이것은 대표(잊힐리야)가 자신의 개인적인 이야기를 하는 것이 브랜드 매력도에 긍정적인 영향을 줄 수 있다는 사례로 삼을 수 있다. 콘텐츠 기획이라고 해서 어렵게 생각하지 않아도 된다. 만약 정보를 담은 콘텐츠 제작이 당장 어렵다면, 나의 개인적인 이야기에서부터 시작하는 것을 추천한다.

또한, 대중이 반응하는 콘텐츠 중 하나는 '성장형 스토리'다. 공대표 인스타그램에는 공간대여 사업에 필요한 노하우 공유와 함께 공대표 자신의 사업가로서의 성장 스토리를 담고 있다. [4-8]

[4-8] 공대표의 인스타그램

현재 공대표 인스타그램은 단기간에 구독자 1만 이상을 확보했으며, 이를 바탕으로 공간대여사업 알대일 비즈니스 컨설팅을 진행하고 있다.

(2) 인스타그램 트렌드 벤치마킹

인스타그램의 특징 중 하나는 '릴스 트렌드'가 있다는 것이다. 따라서 지금까지 없었던 새로운 것을 만드는 것보다 지금 사람들이 반응하고 있는 트렌디한 영상을 벤치마킹하는 것이 노출에 더 효과적이다.

일본식 디저트 카페인 '모구야미'는 비틀즈뱅크 계정에서 시작된 댄스 챌린지를 벤치마킹해서 '45cm 롱 딸기 파르페' 상품을 인스타그램에 올렸다. **[4-9]**

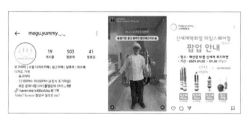

[4-9] 모구야미의 인스타그램

단순히 브랜드의 상품을 보여주는 것 이상의 노출 효과를 누리고 싶다면, 모구야미 인스타그램처럼 현재 인기 있는 릴스 트렌드에 내 브랜드 스토리를 녹일 수 있는 아이디어를 찾는 것이 좋다.

(3) 제조와 오픈 과정 보여주기

상품의 준비 과정이나 배송, 재료 손질 등의 모습을 보여주는 콘텐츠도 고객들의 반응이 좋다. '코코넛그루브'는 인스타그램에 메뉴를 만드는 모습을 그대로 보여주는 콘텐츠를 올리며 호응을 받았다. [4-10]

[4-10] 코코넛그루브의 인스타그램

예쁜 플레이팅에 멋지게 한상 차린 영상을 담기 어렵다면, 코코넛그루부의 사례처럼 중간 과정을 보여주는 것도 좋은 콘텐츠가 될 수 있다. 고객으로서는 상품을 만드는 모습이나 오픈 과정을 보는 것으로도 브랜드에 대한 신뢰가 생긴다.

(4) 신제품 소개와 이벤트 안내

노원구 맛집으로 유명한 '감동식당'은 인스타그램에 매장 이벤트 정보와 쿠폰 발행, 신제품 홍보를 적극적으로 하고 있다. [4-11]

[4-11] 감동식당의 인스타그램

인스타그램에서 어떤 이야기를 할지 고민이라면, 매장에서 진행하는 이벤트 내용을 올리는 것을 추천한다. 또한, 프로필 링크에 네이버플레이스로의 유입을 가능하게 만들면, 온라인 노출을 오프라인 구매로 연결할 수 있다.

(5) 정보성 콘텐츠 만들기

'카페 전문가'라는 타이틀에 걸맞게 국가대표 바리스타로서의 전문성을 갖춘 '커친놈' 인스타그램이 있다. 주로 커피 창업과 관련된 정보성 콘텐츠와 카페 운영의 실전팁을 이야기한다. **[4-12]**

[4-12] 커친놈의 인스타그램

카페 창업 다마고치를 운영하며, 개인 카페와 유튜브를 연계한 컨설팅과 브랜딩 벨류업을 하는 과정을 진행한다.

(6) 비포와 애프터 보여주기

인스타그램 운영은 브랜딩 작업을 하는 시기부터 시작해도 된다. '발짝'은 인스타그램에 오픈 매장의 비포(Before)와 애프터(Affter)를 보여주며 홍보를 진행했다.

[4-13] 발짝의 인스타그램

지금 매장을 준비 중이라면, 모든 준비를 끝내고 매장 운영을 시작할 때가 아닌 매장 인테리어 구상이나 브랜딩 작업을 하는 시기에도 인스타그램을 시작할 수 있다. 브랜드가 만들어지는 과정 자체를 본 고객들은 그 공간에 방문하고 싶다는 생각을 갖는다.

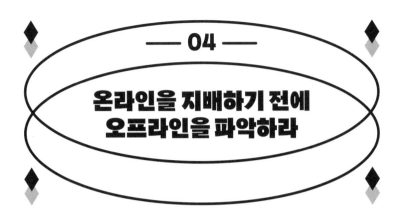

$$* * *$$

온라인 사업을 하더라도 결국 '오프라인' 공간이 필요한 순간이 생긴다. 따라서 온라인 사업과 오프라인 사업의 차이점을 알고 넘어갈 필요가 있다. 그 차이점을 알아야만 온라인/오프라인 통합 마케팅과 사업을 성공적으로 할 수 있다. 자세하게 하나씩 설명하겠다.

1) 오프라인 사업, 결국 콘텐츠 경쟁이다

온라인 사업은 초기 단계에 많은 투자금이 필요 없다. 자체 홈페이지가 없어도 네이버 블로그, 인스타그램, 유튜브를 통해서 고객 서비스를 제공할 수 있기 때문이다. 그러나 오프라인 사업은 구조 자체가 다르다. 오프라인 공간에 대한 고정비(임대료, 관리비 등)가 필요하다. 게다가 인테리어 구성을 위한 투자비도 있어야 한다.

또한, 온라인 사업은 중간에 사업 방향의 수정이 가능하다. 타깃 고객을 변경하거나 고객의 니즈에 따라 서비스에 대한 변화를 줄 수 있다. 그러나 오프라인 사업은 불가능하다. 한번 결정한 가게 위치는 바꿀 수 없다. 인테리어도 마찬가지다. 즉 오프라인 사업은 이미 진행한 것들에 대한 중간 수정이 불가능하기에 초기 단계부터 명확한 브랜드 정체성이 필요하다.

이런 오프라인 사업의 매출을 위해서는 두 가지가 필요하다. 바로 '콘텐츠'와 '부동산'이다. 아무리 좋은 콘텐츠를 갖고 있어도 부동산 없이는 경쟁에서 살아남을 수 없다. 하지만 온라인 사업은 '구글, 네이버, 인스타그램, 유튜브' 같은 플랫폼에서 얼마든지 타깃 고객을 찾을 수 있다. 반면 오프라인 사업은 고객이 찾아올 수 있는 공간에 대한 고민을 반드시 해야 한다.

온라인에서 오프라인으로 사업을 확장할 때, 대부분 '좋은 상권이 어디인가'를 먼저 고민한다. 하지만 이건 잘못된 순서다. 좋은 상권이 어디인가를 고민하기 전에 다음 세 가지를 생각해야 한다.

'내 브랜드의 정체성은 무엇인가?'

'주 고객은 누구로 삼아야 할까?'

'지금 오프라인 경쟁자의 현황은 어떠한가?'

우리가 공간을 찾는다는 의미는 좋은 부동산을 찾는 것이 아니라 내 브랜드와 적합한 공간을 찾는 것이다. 즉 '콘텐츠=브랜드'에 대한 기획이 마무리되지 않은 상태에서는 절대로 좋은 공간을 찾을 수 없다.

오프라인 사업에서는 일반적으로 부동산에 대한 중요성이 가장 크다고 생각하지만, 결국 오프라인도 '콘텐츠 경쟁력'이 최우선이다.

2) 고객이 찾아오게 할 것인가?
고객에게 가까이 갈 것인가?

지금은 오프라인 사업도 온라인 마케팅(네이버플레이스, 인스타그램 등)이 중요한 시대다. 반대로 온라인 사업의 경험이 있는 대표들은 오프라인에서도 똑같은 방식으로 고객이 찾아오는 공간을 만들 수 있다.

[4-14] 피자파쪼의 인스타그램

[4-14]는 서울 지하철 2호선 서울대입구역에 인근에 있는 '피자파쪼' 나폴리 화덕피자 전문점이다. '통으로 접어 먹는 화덕피자'라는 릴스가 노출되자마자 고객의 방문이 평소보다 2배 이상 올라갔다. 피자파쪼는 온라인 마케팅의 노출 효과는 영구적이지 않다는 것을 알기에 지금은 또다른 기획을 준비하고 있다.

문래동 창작촌에서 시작한 한식 주점 '잇힐리야'는 프랜차이즈 본점으로, 인스타그램 마케팅을 적재적소에 활용하는 좋은 사례를 보여준다.[4-15] 1호 가맹점인 잇힐리야 연남점이 오픈했을 때 릴스에 공간과 메뉴를 노출시켰다.

[4-15] 잇힐리야의 인스타그램

12월 연말 시즌에는 데이트 공간을 찾는 2030커플을 타깃으로 삼아 메뉴가 아닌 잇힐리야만의 공간을 보여주는 콘텐츠를 만들었다. 이 콘텐츠가 노출되자마자 12월 예약이 풀로 마감되었다. 연말에는 분위기 있는 공간을 찾는다는 고객의 마음을 120% 파악한 온라인 마케팅 전략이었다.

여기서 끝이 아니다. 신제품으로 마라탕을 출시했을 때 마라탕의 매력을 보여주는 릴스를 올렸는데, 매장에서 마라탕을 주문하는 비중이 200% 이상 상승하였다.

그러나 인스타그램 마케팅으로 증가한 매출은 영원히 유지되지 않는다. 인스타그램 콘텐츠에는 알고리즘이 있는데, 새로운 트렌드를 계속 만들어낸다. 즉 고객의 반응도가 좋고 트렌디한 콘텐츠라도 영구적이지 않다. 시간이 흐르면서 노출도가 0에 수렴되기 때문이다.

간단하게 정리하면 이런 구조다.

> **인스타그램 노출 증가 ➔ 고객 유입 증가 ➔ 매출 상승 ➔ 노출 효과 감소 ➔ 상승한 매출 반납**
>
> [4-16]

3) 온라인 마케팅이 오프라인 매출에 주는 영향

콘텐츠의 노출도가 낮아지면 고객의 반응도 나타나지 않는다. 그래서 오프라인 매출도 [4-16] 같은 흐름으로 움직인다. 새로운 '마중물'이 필요한 것이다. 앞에서 설명한 '피자파쪼'와 '잇힐리야'는 인스타그램 마케팅의 특징을 제대로 알기 때문에 고객이 매장으로 찾아오게 만드는 마케팅 퍼널을 계속해서 만들고 있다.

온라인 마케팅을 활용해 고객이 찾아오게 만들 수 있는 것은 사실이다. 하지만 이 매출은 변동성이 강하다. 결국 '고정 고객(지속적으로 구매가 예상되는 고객)'이 필요하다. 오프라인 사업이 안정화가 되려면, 마케팅이 없어도 방문하는 고정 고객을 얼마나 확보하느냐가 중요하다.

고정 고객 확보에 가장 큰 영향을 주는 것이 바로 공간의 위치다. 마케팅과 콘텐츠의 매력만으로 고객을 구석진 위치로 찾아오게 만들 수 있다는 생각은 금물이다. 타깃 고객에게 가까이 가는 것은 오프라인 사업의 안정성을 유지할 수 있는 가장 좋은 전략이다.

"마케팅으로 충분히 끌어 올 수 있을 것 같아"

"이 정도면 고객이 충분히 찾아올 수 있어."

오프라인 사업장을 운영하는 분들은, 이 말이 얼마나 위험한 생각인지 이미 알고 있을 것이다.

4) 오프라인 입지 평가, 체크포인트 7가지

온라인 사업을 하다가 오프라인 매장이 필요한 시기에 어려움을 겪는 대표들을 많이 만났다. 앞에서 언급한 것처럼 온라인 사업과 오프라인 사업은 성격 자체가 완전히 다르기 때문이다.

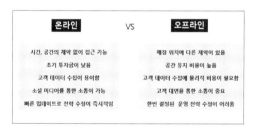

[4-17] 온라인과 오프라인 비교

[4-17]처럼 오프라인 사업은 공간을 변경할 수 없으며, 사업 운영 전략의 수정이 물리적으로 불가능하다. 본질을 갖춘 사업이라도 '어디에서 운영하는가'에 따라 수익이 달라질 수 있다.

오프라인 입지평가를 할 때 모르면 손해 보는 '입지평가 체크포인트 7가지'를 정리했다.

(1) 주차공간

차량 접근이 가능한 오프라인 공간이라면 멀리 있는 고객들이 방문하게 할 수 있다. 자체 건물에 주차공간이 없다면, 인근에 이용 가능한 공용주차장 여부를 확인하자. 주차장 이용료를 지불하여 민간주차장과 별도 계약을 맺을 수 있다. 실제 운동 시설, 병원, 심리센터 등을 창업하려는 사람들은 주차공간 확보가 가능한 건물을 선호한다.

(2) 대중교통 연결성

건물 50m 이내에 지하철역이나 버스정류장이 있는 위치를 선택하라. 고객이 찾아오기 좋은 곳이 매출에 가장 큰 영향을 준다. 만약에 경쟁하는 업체의 위치가 주차공간도 부족하고, 대중교통의 접근도 어렵다면 경쟁의 시작부터 50%는 이기고 들어가는 것이다.

(3) 가시성

최근 건물의 가시성(可視性, 눈으로 잘 보이는 것)이 점점 중요해지고 있다. 미용실, 피트니스센터, 병원 등은 외부 간판, 즉 파사드(Facade, 건물 정면 외벽)를 중요하게 생각한다. 또한, 인근 거주자와 직장인들에게 자연스럽게 외부 노출이 가능한 위치를 선호한다.

온라인 마케팅에는 지속적인 투자금이 들지만, 계속 외부 파사드에 의한 브랜드 노출은 한번 설치하면 추가 비용이 발생되지 않기에 가장 효과적인 마케팅 방법이다. 실제로 외부 가시성을 확보한 매장들은 지역 내 매출 순위 3등 안에 들어가는 사례가 많다.

(4) 적정 배후세대 규모

'좋은 상권'이란 '사람이 많은 지역'을 의미한다. 내 상품을 구매할 수 있는 사람이 얼마나 되는지 보는 것이 상권분석에서 가장 중요하다. 눈에 보이는 유동인구를 기준으로 삼지 말라. 그 지역에 얼마나 많은 사람이 있는지 배후세대의 규모가 가장 중요하다.

(5) 경쟁 강도

업종을 불문하고 지금은 경쟁 강도가 높은 시기이다. 배후세대가 많은 곳, 대중교통 연결성이 좋은 곳이 반드시 좋은 선택은 아니다. 인근 경쟁점의 콘텐츠와 위치에 따라 전략적인 판단이 필요한 때가 많다. 때로는 경쟁 강도가 높은 곳에서 시작하는 게 정답이기도 하고, 반대로 경쟁 강도가 낮은 곳(지방, 외곽 지역)에 자리를 잡는 게 좋은 선택이 될 수도 있다.

(6) 건물 내 업종 운영 현황

오프라인 사업은 나만 잘한다고 되는 것이 아니다. 인근 상가에 어떤 업종이 운영되는지도 살펴봐야 한다. 건물 내 분위기 때문이다. 예를 들어 상담센터를 운영할 곳을 찾는데 위아래로 유흥업소가 있다면 고객들은 그 공간을 찾아오지 않을 것이다. 같은 건물의 업종 구성이 내 브랜드와 유사한 분위기를 가지는지도 확인해야 한다.

(7) 지역에 대한 이해도

오프라인 상권을 볼 때는 지역을 넓게 봐야 한다. 한군데 지역에 집중하는 것보다 적어도 3곳 이상의 상권을 비교 평가하는 것을 추천한다. 다른 곳과의 비교 평가 없이 결정하는 것은 분석이 아닌 자신의 감에 의존한 판단이 될 수 있다.

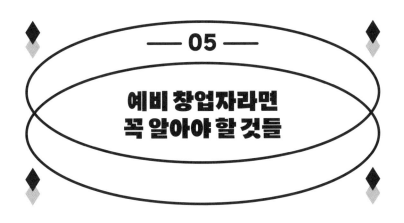

— 05 —

예비 창업자라면
꼭 알아야 할 것들

* * *

거듭 강조하지만, 오프라인 사업을 시작할 때 한번 결정한 위치는 절대로 바꿀 수 없다. 일반적으로 상가와 사무실의 임대차계약은 2년 단위로 진행된다. 여기에 공간인테리어와 집기 비용이 들어가면 작게는 5,000만 원에서 많게는 2억 원 이상의 투자금이 부동산에 들어간다.

마케팅과 서비스는 얼마든지 변화를 줄 수 있다. 그러나 영업 중인 상가의 위치는 절대로 바꿀 수 없다는 것을 명심하고, 상가와 사무실 계약은 신중히 진행해야 한다.

오프라인 사업장을 마련할 때 예비 창업자가 반드시 알아야 할 3가지를 정리했으니 반드시 숙지하라.

1) 아는 지역에서 창업은 독이 된다.

대부분 오프라인 창업을 할 때 "본인이 가장 많이 아는 지역에서 시작하라"라고 말한다. 틀린 말은 아니다. 다만 나 개인적으로는 반대 의견을 갖고 있다.

아는 지역(집, 회사 인근)에서부터 오프라인 창업을 시작하라는 건, 그 외 다른 지역에 대해서 잘 모르기 때문이다. 그런데 이렇게 되면 놓치는 것이 생긴다. 바로 '비교 평가'를 못한다는 것이다. 검토할 수 있는 지역이 적으면 적을 수록 나와 비교할 비교군이 없으며, 결국 좋은 판단을 하지 못할 가능성이 높다.

예를 들어 30평 면적의 상담센터를 운영할 상가를 찾는다고 가정하자. 실제 부동산에 방문하면 생각보다 30평 면적의 상가가 많지 않다는 것을 알 수 있을 것이다. 게다가 투자금까지 고려하면 관심 지역에는 그것에 맞는 매물 자체가 없다.

현실적으로 우리가 찾는 상가는 시장에 존재하지 않는다. 왜냐, 마음에 드는 공간은 투자금이 안 맞고, 투자금이 맞는 매물은 위치가 마음에 들지 않는다. 그렇기 때문에 우리는 오랜 시간 물건을 탐색하며 손품, 발품을 팔지 않으면 마땅한 상가를 찾기가 어려울 수밖에 없다.

이런 상황인데도 내가 알고 있는 지역에서만 투자한다면 과연 그 사람은 제대로 된 시작을 할 수나 있을까? 아마 상당히 오랜 시간이 필요할 것이다.

따라서 좋은 투자란, 여러 매물을 비교 평가하면서 기회비용을 최소화하는 데서 시작한다. 즉 한 지역에 집중하지 말고, 시간과 노력이 많이 필요하더라도 최대한 많은 것을 보고 스스로 경험치를 올려야만 한다.

우리가 가지고 있는 투자금은 무한하지 않다. 그러므로 오프라인 창업을 할 때는 최적의 판단을 해야 하고, 좋은 판단을 위해서는 반드시 여러 지역을 비교하는 동시에 자세히 조사해야 한다.

2) 현장 임장이 중요하다

요즘은 시대가 좋아져서 상권에 대한 정보를 온라인상에서도 얼마든지 찾을 수 있다. 하지만 현장에 나가서 직접 보는 것을 게을리하면 상권의 흐름을 제대로 잡아낼 수 없다. 시간은 걸리지만, 결국 현장에 답이 있다. 온라인에서 얻는 정보만으로는 제대로 된 상권분석이 불가능하다.

아침부터 저녁까지 상권 구석구석을 살피면서 공인중개사들과도 긴밀히 소통하다 보면 여러 상권에 대한 데이터가 차곡차곡 쌓일 것이다. 현장을 다니면서 얻는 지역 상권에 대한 정보는 반드시 기록으로 남겨야 한다. 기록하지 않은 정보는 사라진다. 상가에 대한 정보 현장을 다니며 느꼈던 내용을 반드시 정리해야 한다.

방문한 부동산의 숫자가 늘어나고 매물리스트에 쌓이면 기록 없이는 상가 매물을 비교할 수가 없다. 임장(臨場, 현장에 나옴)을 가는 것도 습관이다. 습관화되어 있지 않으면, 항상 온라인에서 보는 정보만으로 투자를 결정하게 된다.

상권분석을 할 때 반드시 현장에서 체크해야 하는 요소도 있다. 특히 아직 경험이 많지 않은 초보 창업가라면 비록 비효율적이라도 현장에서 보내는 시간을 늘리는 것이 중요하다. 비효율적인 것이 잘못된 판단을 하는 것보다는 100배, 1,000배 더 좋은 선택이기 때문이다.

3) 여러 공인중개사와 소통하라

어떤 물건에 대한 정보를 받았다고 해서 꼭 그 중개인과 계약해야 하는 것은 아니다. 그 중개인의 태도나 능력에 따라 다른 중개인과 거래를 진행해도 전혀 문제가 없다. 공인중개사는 단순 정보전달자가 아니라 하나의 서비스업 종사자이다. 중개업은 '선착순 게임'이 아니다.

건물주와의 조건 협의에 적극적이고, 상권분석에 대한 자세한 정보를 주는 중개인을 선택할 것인가? 임차조건 협의에 비협조적이고 지역 정보도 잘 모르는 중개인과 거래를 할 것인가? 우리는 가능한 한 많은 중개인과 소통하는 것이 필요하다.

네이버부동산에 올라와 있는 상가 매물은 전체의 극히 일부에 불과하다. 실제 압구정 로데오나 강남 중심 거리를 나가면, 네이버에 등록되지 않는 상가의 비중이 대부분이다. 이런 이유로 최대한 많은 중개인과 소통하며 네이버부동산 등, 외부로 드러나지 않은 좋은 조건의 상가를 찾는 것이 필요하다.

여러 공인중개사와 만나서 소통하라고 권유하면 "아, 그래도 여러 개 물건을 받았던 부동산이 있는데, 다른 곳을 가기가 좀 마음에 걸려요"라고 말하는 사람이 의외로 많다. 너무 안타까운 부분이다. 최소 5,000만 원 이상 들어가는 것이 오프라인 창업인 만큼, 모든 것은 꼭 비교 평가해야 한다.

여러 부동산을 방문하며 상권에 대한 브리핑도 받고, 물건에 대한 정보도 최대한 많은 내용을 확인해야 한다. A 부동산에는 없는 매물이 B 부동산에는 있을 수 있다. 심지어는 임차 조건도 A 와 B가 서로 다를 수 있다. 한 명의 중개인과만 소통하는 것은 상상할 수 없는 손해가 될 수 있다.

[실전 TIP] 부동산에서 상황 정리하는 법

한 지역에서 여러 곳의 부동산을 다니다 보면 상가 매물이 겹칠 때가 많다. 처음 A 부동산에서 물건 정보를 얻었는데, 나중에 B 부동산에서 같은 상가를 소개받는 것이다.

이럴 때는 어떤 부동산과 계약하는 게 좋을까? 굳이 처음에 정보를 준 A 부동산과 계약할 이유는 없다. 만약에 B 부동산이 임대인과 소통이 잘 되고, 조건 조율에 더 적극적으로 나서준다면, B 부동산과 계약해도 문제 없다.

온라인에서 노트북을 구매할 때도 세세한 것 하나하나 따져가면서 비교 평가하지 않는가? 노트북 정보를 처음으로 알게 된 스토어에서 구매하는 사람이 존재할까? 부동산도 같은 개념이다.

그래서 여러 부동산과 동시에 소통할 때는 정확한 피드백이 중요하다. A 부동산에서 들었던 정보를 B 부동산에서 똑같이 알려준다면 바로 '상황 정리'를 해야 한다.

"이 상가는 ○○부동산에서 먼저 소개받았어요, 임차 조건이 '○○○/○○○'아닌가요?"

임차 조건(보증금, 권리금, 월 임차료)에 차이가 없다면, A 부동산과 계약하면 된다. 그런데 계약을 진행할 수 없을 만한 이슈로 진행이 안 되는 상황을 B 부동산이 풀어낸다거나 조건을 더 낮출 수 있는 상황이면, B 부동산과 계약해도 문제가 없다. 중개업은 선착순이 아니기 때문이다.

만약 최초 정보를 준 A 부동산이 아니라 B 부동산과 계약하는 상황이라면 확실하게 이야기하자.

"일전에 말했듯이 이 상가 정보를 A 부동산에서 받았어요. 여기서 계약하면 어떤 문제가 생기지 않을까 걱정되네요."

"계약 이후에 A 부동산에서 저에게 별도로 연락이 오면 두 분이 수수료 관련 내용을 정리해주세요."

정보의 중복으로 이슈가 생기는 것은, 내가 이 정보를 알고 있다는 사실을 말하지 않았기에 발생하는 것이다. 여러 부동산과 소통하고 싶다면 상황 정리는 필수다. (이렇게 하는 것이 너무 신경 쓰이고, 스트레스가 되는 분도 있을 것이다. 그렇다면 최초 A 부동산과 계약하면 된다. 선택은 여러분의 몫이다.)

PART
5

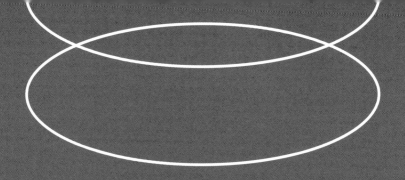

당신의 운명은
퍼널마케팅이 결정한다

— 황준연 —

'무직, 무스펙, 고졸'의 청년이었다. 하지만 우연히 쓰게 된 책 1권으로, 대기업 강의와 〈새롭게 하소서〉에 출연하는 등 180도 달라진 인생을 살고 있다. 90일 만에 출판사와 계약하는 초단기 책쓰기 코칭을 하고 있다. 출판을 전문으로 하는 '작가의집' 대표이며, 50여 명이상을 작가로 데뷔시켰다. 오늘도 책을 쓰거나, 책을 쓰게 하는 것을 사명으로 하루를 살아가고 있다.

저서로는 《하루 1시간 독서습관》, 《평생 직장은 없어도 평생 직업은 있다》, 《평범한 직장인이 어떻게 1년 만에 2권의 책을 썼을까》, 《하루 1시간으로 1주일 만에 작가 되는 법》, 《주님 지금 어디에》 등이 있다.

황준연 전자명함

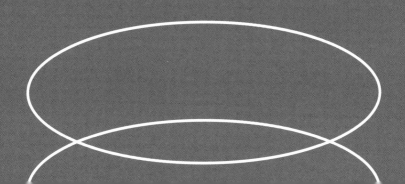

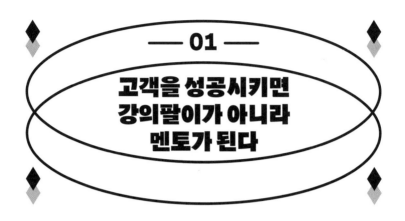

— 01 —

고객을 성공시키면 강의팔이가 아니라 멘토가 된다

＊＊＊

"댓글을 남기시면 무료로 전자책을 드려요. 책 쓰기 무료 특강에도 관심이 있으시면, 오픈채팅방에도 초대합니다."

나는 지금까지 수많은 전자책을 '무료'로 선물했다. 무료라고 하지만, 그 퀄리티는 추후 종이책으로 낼 수 있을 정도로 정성을 다해서 썼다. 그 전자책 끝에는 다음과 같은 문구로 마무리한다.

"전자책이 마음에 드셨다면, 무료 특강도 들어보세요. 오픈채팅방 주소는 다음과 같습니다."

인스타그램 댓글을 통해서, 또 전자책을 통해서 지금 순간에도 많은 사람이 오픈채팅방에 들어온다. 그런데 근본적인 질문이 떠오른다.

'사람을 모으기만 하면 성공할 수 있을까?'

"저는 흙수저였습니다. 그런데 지금은 이렇게 성공했습니다. 여러분도 그렇게 되고 싶으세요? 그렇다면 이 강의를 결제하세요."

어디선가 자주 들어본 말 같지 않은가? 흔하게 보고 들을 수 있는 수많은 강의의 인트로 영상이다. 최근 들어 부쩍 수많은 강사가 탄생했다. 재미있게도 스토리가 모두 비슷하다. '강의팔이(성공팔이)'라고 욕하는 사람들도 많지만, 후기나 강의를 듣고 변화된 사람들의 이야기를 들어보면, '진짜인가?' 진지하게 고민하기도 한다.

그렇다면 '강의팔이'와 멘토(Mento)의 차이는 무엇일까? 여러 가지가 있지만, 핵심은 강의팔이는 고객의 성공에 관심이 없다. 혹여나 성공하더라도 자신의 사례라며 자랑하기에 바쁘다. 또 실패한 사람에게는 "네 잘못"이라며 "노력이 부족했다"라고 말한다. 심지어 강의 퀄리티가 낮거나 검증이 안 된 경우도 많다.

그러나 멘토는 다르다. 고객에게 지침만 주는 것이 아니라, '어떻게 해야 할지' 처음부터 끝까지 알려준다. 심지어 그 과정을 함께 한다. 그래서 고객이 성공하는 것이다. 아니 결국 성공할 수밖에 없는 것이다. 놀라운 것은 '고객이 잘될수록 멘토도 잘된다.' 고객을 성공시켰기 때문이다. 그리고 이것은 당신도 가능하다.

2019년, 나는 작가가 되었다. 무려 1년 만에 2권의 책을 썼고, 기획출판을 했다. 그전에는 평범한 직장인이었다. 아니 '평범'이라고 말하기 힘들 정도로 힘든 삶을 살았다. 무엇보다 책을 쓸 생각조차 없었다. 하지만 책을 내자 한순간에 전문가가 되었다.

그리고 또 놀라운 일이 생겼는데, 바로 '책쓰기 코치'가 된 것이다. 그 시작은 한 예비 작가와의 만남 덕분이었다.

"작가님, 저도 작가가 되고 싶어요."

우연히 내 책을 본 독자로부터 책 쓰기를 알려달라는 요청을 받았다. 내 책은 쓸 수 있지만, 다른 사람이 책을 쓰게 하는 것은 전혀 다른 문제다. 그래서 한사코 거절했다.

"책 안 나와도 되니까, 제발 도와주세요."

그 부탁까지는 차마 거절하기 힘들어서 7주간 교육을 했다. 책 제목과 목차를 만들어주고, 원고 피드백도 했다. 놀랍게도 그분은 불과 87일 만에 한 출판사와 계약하고 작가가 되었다.

그 이후 내 삶은 달라졌다. 나에게만 적용된다고 생각했던 책쓰기가 다른 사람에게도 가능하다는 사실을 알게 되었고, 전문적으로 '책쓰기 코칭'을 하기 시작했다. 당시 나는 무명의 작가였지만, 순식간에 책쓰기 컨설팅 신청이 마감되었고, 그 이후로 지금까지 책쓰기 코치로 살아가고 있다.

예전에는 책만 쓰면 끝이라고 생각했다. 하지만 5권의 책을 내면서, 또 책쓰기 코칭으로 여러 사람에게 작가라는 이름을 선물하면서 책 출간이 시작이라는 것을 알게 되었다.

나는 5년 이상 책쓰기 코칭을 하고 있고, 이제껏 100% 기획출판을 할 수 있었다. 그 이유는 바로 '어떤 책을, 어떻게 써야 할지' 알고 있기 때문이다. 즉 고객을 성공시켰기 때문이다.

브랜든 버처드(Brendon Burchard)는 자신의 저서 《백만장자 메신저》에서 이렇게 말한다.

"당신의 경험과 지식이 돈이 된다."

많은 사람이 자신의 경험을 평범하다고 말한다. 하지만 누군가는 당신이 이룬 업적이나 현재 하고 있는 일 등, 당신에게 배우고 싶은 것이 있다. 누군가에게는 간절히 원하는 무엇인가를 당신은 이미 가지고 있을 수도 있다.

일례로, 책쓰기를 하는 분 중에 피아노를 무려 50년 이상 연주하고, 음대 교수 등을 거치면서 수많은 학생을 예고와 예대로 보낸 분이 있다. 놀랍게도 이분도 다음과 같이 말한다.

"평범한 경험일 뿐입니다."

하지만 전국의 수많은 학부모가 이 분에게 자녀들의 진로에 대해 문의한다. 어떻게든 만남을 청한다. 이미 그 분야의 전문가이기 때문이다. 주위에서 당신에게 묻는 질문이 있는가? 여러 사람이, 또 자주 물어본다면, 당신은 그 주제로 책을 쓰면 좋다. 즉 남들이 나에게 묻는 것이 콘텐츠다.

세상에는 수많은 전문가가 있다. 즉 수많은 멘토가 있다. 내가 했던 경험들, 내가 겪었던 문제들, 내가 해결한 방법들을 공유해준다면, 분명히 누군가는 시간을 절약하거나, 무엇보다 현재 겪고 있는 문제를 해결할 수 있다. 당신도 그 주제로 책을 쓴다면, 분명

멋진 한 권의 책이 탄생할 것이다.

또 한 가지, 강의팔이와 멘토의 차이가 있다. 강의팔이는 실적이 없는 경우가 대부분이다. 부자 되는 강의를 하지만, 정작 본인은 부자가 아니다. 실제로 유튜브 강의를 하지만, 본인은 유튜브채널이 아예 없는 강사를 본 적도 있다. 블로그 강의를 하는데, 갖가지 이유를 대면서 본인의 블로그는 알려주지 않는다.

이상하지 않은가? 만약 강의팔이인지 멘토인지 알고 싶을 때는 강사에 대해 자세히 알아보는 것을 추천하고 싶다.

최근에는 책쓰기 코칭을 하는데 본인은 절대 제목과 목차를 만들어주지 않고, 예비 작가를 위해서 스스로 만들게 한다고 한다. 놀랍게도 작가가 된 사람이 없다. 이런 경우 역시 강의팔이가 아닐까?

고객을 성공시키면 강의팔이가 아니라 멘토가 된다.

사례가 없다면 본인이 첫 사례가 되면 된다. 나 역시 그랬다. 나는 2권의 책을 써본 이후 본격적으로 코칭을 시작했다. 멘토가 되고 싶다면, 먼저 고객을 성공시켜라. 아니 성공시켜야만 한다. 마찬가지로 1인 기업가가 되고 싶다면, **고객을 성공하게 하라. 고객이 성공하면 당신도 성공한다. 당신의 운명은 고객에게 달렸다.**

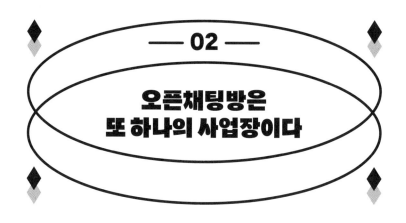

— 02 —
오픈채팅방은
또 하나의 사업장이다

* * *

최근 한 오픈채팅방에서 세일즈하는 것을 본 적이 있다.

"딱 12시간만 팔 예정입니다. 이후에는 가격이 올라갈 예정입니다."

300만 원이 넘는 상품이었는데 1인 기업가라면, 또 강사라면 살 수밖에 없는 상품이었다. 나도 구매했고, 현재도 쓰고 있는 중이다.

놀라운 것은 무려 100여 명이 넘는 인원이 그 상품을 샀다. 단 12시간 만에 억 이상의 매출을 올린 것이다. 그런데 이 강사는 오픈채팅방만 운영한다. 다른 SNS도 하지만, 거의 활동하지 않는다. 오픈채팅방으로만 1년도 되기 전에 거의 10억 이상의 매출을 올렸다고 한다.

대부분 사람이 이메일을 보내도 거의 열어보지 않는다. SNS에 글을 올려도 마찬가지다. 반응률이 낮다. 문자를 보내도 그렇게 높지 않다. 하지만 거의 100% 사람들이 확인하는 것이 있다. 바로 '카카오톡'이다. 여러 가지 요인이 있지만, 단기간에 매출을 올릴 수 있었던 이유는 바로 오픈채팅방 때문이었다.

예전에 지인과 함께 길을 걷다가 사람들이 길게 줄지어 선 것을 본 적이 있다. 그냥 지나가다가 '무슨 일인가?' 싶어 나도 지인과 함께 줄을 섰다. 재미있게도 줄이 점점 늘어났다. 더 재미있는 것은 대부분 사람이 다음과 같이 물었다.

"이거 뭐 하는 줄이에요?"

나도 이게 무슨 줄인지 몰랐지만, 사람들이 줄을 서길래 따라 섰다. 나중에 알고 보니 전국적으로 유명한 빵집이었고, 특정 시간에만 나오는 빵을 사기 위해 사람들이 줄을 서 있었다. 그 이후에도 가끔 줄을 서서 빵을 사 먹었던 기억이 난다. 마찬가지로 오픈채팅방에서도 똑같은 일이 벌어진다.

흔히 장사가 잘되는 가게는 사람의 기척이 느껴진다고 한다. 줄을 서서 먹는다거나, 늘 사람이 많다거나… 심지어 배달 앱으로 음식을 시켜 먹을 때도 꼭 리뷰를 보게 된다. 당신도 리뷰가 적으면 왠지 신뢰가 안 가지 않는가? 바로 사람의 기척이 없기 때문이다.

오픈채팅방에는 강의를 신청할 때, 또 소책자를 신청할 때 줄을 서게 한다. 강의를 듣고 싶어서 신청한 사람들도 있지만, 사람들이 줄을 서니까 따라 서는 경우도 적지 않다. 심지어 많은 사람이 줄을 선다면 어떨까? '뭔가 있다'라는 생각이 들어서 더 많은 사람이 신청하는 진풍경이 연출된다.

이런 양상은 세일즈할 때도 마찬가지다. 살 생각이 적거나 없었던 사람들도, 수십, 수백 명이 물건이나 서비스를 구매하는 상황을 보니, 즉 사람의 기적을 보니 왠지 사야 할 것 같고, 안 사면 손해 볼 것 같다는 생각이 든다. 실제로 이렇게 구매하는 사람들이 적지 않다.

내가 이 글을 쓰고 있는 지금도 수많은 오픈채팅방에서는 무료 특강을 하고 있다. 수많은 사람의 사업장이니 치열할 수밖에 없다. 이 사업장에서 수많은 매출이 생긴다. 오픈채팅방을 무조건 만들어야 하는 이유다.

'사람들을 모을 수만 있다면 무엇이든 가능하다.'

직접 사업을 해도 되고, 혹은 플랫폼 사업 즉 누군가에게 트래픽을 제공할 수도 있다. 오픈채팅방만 잘 운영해도 먹고살 수 있는 것이다.

"지금은 월 5천만 원에서 1억 정도는 벌고 있습니다."

〈카카오톡 오픈채팅방 활용해 월 1억 버는 사장님〉이라는 제목으로 올라왔던 한 영상이다. 방법도 그리 어렵지 않았다. 영상의 대표님처럼 수입을 단기간에 올리기는 힘들겠지만, 오픈채팅방만 잘 활용해도 어느 정도 돈을 벌 수 있는 것이다.

"극레드오션입니다. 안 하는 것을 추천드립니다."

말했던 영상에 있던 실제 댓글 중 일부다. 하지만 내가 아는 지인도 위 방법대로 해서 돈을 벌고 있다. 극레드오션이 맞다. 하지만 누군가는 돈을 벌고 있다. 레드오션이라는 것은 그만큼 인기가 많다는 뜻이다.

"이제 끝물 아니야?"

그럴지도 모른다. 하지만 누군가는 오늘도 오픈채팅방이라는 사업장에서 돈을 벌고 있다. 여러분이 상상하는 금액보다 훨씬 클지도 모른다. 오프라인 매장은 망하면 엄청난 리스크를 지게 된다. 하지만 오픈채팅방 운영에는 돈이 들지 않는다. 시간과 노하우만 조금 필요할 뿐이다. 하다가 잘 안 되면 안 해도 된다. 그러다가 다시 해도 되고, 잘하는 누군가에게 맡기는 방법도 있다.

오픈채팅방은 하나의 가게다. 차려놓기만 한다고 사람들이 찾아오지는 않는다. 그러면 어떻게 해야 할까? 나는 인스타그램을 추천하고 싶다.

앞서 말한 대로 사람들은 이메일을 거의 열어보지 않는다. 하지만 인스타그램 DM은 다르다. 특히 팔로워하는 사람의 DM이라면 거의 100% 확인한다. 나에게 도움이 되는 정보이거나, 내가 좋아하는 사람이 보낸 메시지이기 때문이다.

현재 나는 게시글을 올릴 때마다 다음의 글을 꼭 첨부한다.

"게시물의 내용이 마음에 들었다면 댓글을 달아주세요."

그리고 댓글을 달면 놀랍게도 DM이 자동으로 전송되고, 전자책 선물과 오픈채팅방 주소를 안내한다. 내가 인스타그램을 계속하는 한, 내 가게인 오픈채팅방에는 유입이 늘어날 것이다.

실제로 한 지인이 인스타그램 라이브를 몇 번 진행한 후 "심화 강의를 듣고 싶으면 오픈채팅방으로 들어오라"라고 말했을 뿐인데, 이틀 만에 1,000명이 넘는 인원이 모이는 것을 보면서 인스타그램의 힘을 느낄 수 있었다.

기억하라. 오픈채팅방은 또 하나의 사업장이다. 이 사업장을 어떻게 운영하느냐에 따라서 여러분의 미래가 바뀔 수도 있다.

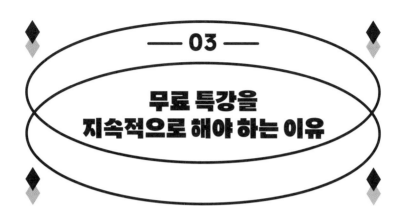

— 03 —

무료 특강을
지속적으로 해야 하는 이유

✱✱✱

2023년에 정부 지원으로 '작가의집'이라는 출판 플랫폼을 만들었다. 호기롭게 시작했지만, 생각보다 사업은 간단치 않았다. 한 인터넷 뉴스 기사에서 본 문장이 떠올랐다.

"정부 지원을 받는 대부분의 기업이 플랫폼 사업을 한다. 그리고 대부분 1년 안에 망한다."

실제로 벤치마킹을 위해 수많은 플랫폼을 들어가 봤지만, 운영하지 않는 곳이 많았다. 심지어 이름만 들어도 알만한 기업도, 대부분 투자를 통해서 겨우 운영하고 있을 뿐, 수익은 마이너스인 경우가 많았다. 그 원인이 무엇일까? 바로 서비스를 먼저 만들었기 때문이다. 수많은 회사 그리고 수많은 플랫폼이 망하는 이유다.

대부분 팔릴 것 같은 상품이나 서비스를 먼저 개발한다. 이때 대규모의 투자금이 들어간다. 팔리면 다행이지만, 안 팔리는 경우 그 사업은 망하게 된다. 그러면 어떻게 해야 할까? 바로 반대로 하는 것이다. 상품이나 서비스를 먼저 만드는 것이 아니라 고객을 먼저 찾는 것이다.

그러기 위해서는 앞서 말한 인스타그램 등 SNS을 통해서 정보성 글을 제공하거나, 무료 특강 등의 혜택을 주는 것이다. 그리고 무료 특강으로 가치를 알게 된 후에 거절할 수 없는 제안을 하면 된다.

"이 강의를 들으면, 저처럼 될 수 있습니다. 비용은 ○○원입니다."

수많은 사람이 단순히 강의를 팔기만 한다. 하지만 세일즈는 잘되지 않는다. 그러면 세일즈를 잘하는 사람들은 어떨까?

"유료급 무료 특강을 제공합니다."

"무료 소책자를 제공합니다."

인스타그램을 활용해서, 무료 소책자와 무료 특강으로 관심 있는 사람들을 먼저 모은다. 즉 '고객'을 먼저 찾는 것이다. 수많은 사람이 무료 소책자를 주고, 또 특강을 하는 이유다. 관심 있는 사람들을 먼저 찾는 것이다. 이는 미래 고객(잠재 고객) 육성과도 연결된 개념이다.

러셀 브런슨(Russel Brunson)의 《마케팅 설계자》나 제프 워커(Jeff Walker)의 '프로덕트 런치 포뮬러(Product Launch Formula)'도 마찬가지다. 즉 고객과의 접점을 늘리면서 '충성 고객'으로 만드는 것이 핵심인데, 이를 '퍼널'이라고 한다.

나는 거의 5년 동안 책쓰기 무료 특강을 진행하고 있다. 딱히 세일즈를 하지 않았는데도, 책쓰기 코칭으로 연결되는 경우가 많았다. 그 이유를 몰랐다. 하지만 《마케팅 설계자》를 읽고 나서 그 비밀을 깨달았다. 바로 나도 모르는 사이에 '퍼널 마케팅'을 하고 있었고, 고객에게 가치를 제공했으며, 충성 고객이 생긴 것이다.

"어떻게 저에게 책쓰기 코칭을 들으려고 결심하게 되셨나요?"

"무료 특강을 듣다 보니, 믿음이 가더라고요."

즉 나는 무료 특강으로 신뢰를 얻었기 때문에 아직도 책쓰기 코칭을 업으로 삼고 있다. 재미있게도 책 쓸 생각이 없던 사람들도, 내 무료 특강을 통해서 책을 쓸 마음이 생기는 경우가 많았다.

실제로 나도 가볍게 무료 특강을 듣다가 점점 마음이 혹하는 경우가 많다. 즉 좀 더 나중을 생각했다가, 지금 당장 구매하게 되는 것이다.

만약 내가 꾸준히 무료 특강을 제공하지 않고, 다음과 같이 말한다고 생각해보라.

"작가가 되고 싶으신 분은 책쓰기 코칭을 신청하세요."

물론 내 콘텐츠가 압도적이라면, 위 멘트로도 충분하다. 하지만 대부분은 그다지 반응이 없다. 미래 고객을 육성하지도 않았고, 신뢰도 쌓지 못했기 때문이다.

하지만 인스타그램을 통해서 잠재 고객에게 가치를 제공하다 보면, 어느 순간 그 잠재 고객이 현재 고객이 된다. 실제로 무료 특강을 듣다가 갑자기 연락이 와서 책쓰기 코칭을 신청하는 경우가 더러 있다. 잠재 고객을 육성한 것이다. 신뢰를 줬기 때문이다.

당신도 지식 창업을 하고 싶다면, 반드시 이렇게 하는 것을 추천하고 싶다. 그렇게 한다면, 간다 마사노리(Kanda Masanori)의 말처럼 90일 안에, 아니 나는 그보다 훨씬 빨리 고수익 기업을 만들 수 있다고 장담한다.

위와 같은 마케팅 방식을 런치 마케팅(Launch Marketing)이라고 하는데, 가장 큰 장점은 '리스크가 거의 없다'라는 것이다. 가령 당신이 물건을 다 만들어 놓고, 상품을 판다고 생각해보라. 안 팔리면 재고만 쌓이고, 또 그 상품을 팔기 위해 돈과 시간이 들어간다.

하지만 미리 팔 고객을 확보해놓고, 상품을 만들면 어떨까? 재고가 없기에 상품을 팔기 위해 무엇인가 할 필요가 없다. 가장 좋은 점은 만약 고객을 확보했는데, 생각보다 고객이 덜 모인다거나, 아예 모이지 않을 때는 아예 상품을 만들지 않고, 다른 상품을 기획하면 된다. 그렇기에 위험 부담이 없다.

지식 창업도 마찬가지다. 고객을 먼저 확보하고, 그 이후에 커리큘럼을 짜는 것이 훨씬 현명하다. 안 팔리면, 다른 서비스를 기획하면 된다.

당신도 당신의 서비스가 팔릴지 안 팔릴지 확신할 수 없다면, 공지부터 해보라.

"무료 특강을 진행합니다. 관심 있는 분들은 신청해주세요."

"무료 소책자를 배포합니다. 관심 있는 분들은 줄을 서주세요."

사람들이 반응하면 그때 준비해도 된다. 혹시나 반응이 없다면, 바로 상황을 분석하여 다른 콘텐츠를 준비하면 된다. 인스타그램을 통해서 이런 테스트를 할 수 있다. 또한, 인스타그램 라이브나 추후 오픈채팅방 초대를 통해 무료 특강을 꾸준히 진행하라.

여기서 중요한 것이 있다.

'무료 특강이라도 무료 특강처럼 하면 안 된다.'

는 것이다. 고객들은 딱 들으면 안다. 무료 특강이지만, 유료 특강처럼 모든 것을 주라. 그럼 다음과 같은 반응을 주로 들을 수 있다.

"무료 특강이 이 정도라니! 유료 특강은 어느 정도일까?"

실제로 나는 다음과 같은 피드백을 받으며 유료 강의를 취소하는 분도 있었다.

"작가님의 유료 강의와 무료 강의를 같이 듣고 있는데, 두 강의 퀄리티의 차이를 모르겠습니다. 유료 강의를 취소해 주세요."

나는 흔쾌히 취소했고, 오히려 최고의 칭찬이라는 생각이 들었다. 왜냐하면, 그렇게 꾸준히 무료 특강을 했기에 따로 세일즈하지 않아도 유료 책쓰기 코칭으로 연결되기 때문이었다.

당신도 지식 창업을 하고 싶다면, 인스타그램을 통해 잠재 고객을 모으고, 무료 특강으로 잠재 고객에게 지속적인 가치를 줘라. 몇 명이라도 상관없다. 단 한 명이라도 말이다. 비즈니스는 그때부터 시작된다.

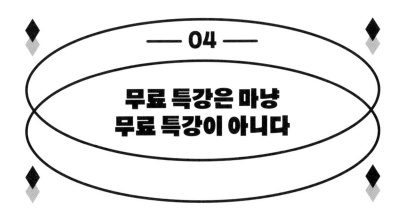

— 04 —

무료 특강은 마냥
무료 특강이 아니다

* * *

'유료급 무료 특강'

최근 수많은 단톡방에서 무료 특강을 진행한다. 무료 특강이 이렇게 퀄리티가 있어도 되나 싶을 정도로 정말 '유료급 무료 특강'이 진행된다. 재미있는 것은 이 무료 특강이 무료 특강이 아니라는 것이다.

"아니, 돈을 낸 적이 없는데 무료가 아니라고?"

물론 돈을 내지는 않는다. 하지만 무료 특강이 아니다. 그 원리는 설명하겠다. 대략 8주간의 무료 특강을 진행한다. 이때 중요한 것은 정말로 '내가 아는 것을 다 줘야 한다'라는 것이다.

앞서 말한 1인 기업가에게 꼭 필요한 툴을 예로 이야기해보자. 8주 동안, 1인 기업가에는 없어서는 안 될, 꼭 필요한 툴에 대해 배웠다. 대부분 유료 툴이라 한 달 사용료만 몇십만 원에 달했다. 하지만 더 높은 수익, 특히 자동화를 위해서는 반드시 써야 할 툴이었다.

그런데 8주 무료 특강 후 강사는 거절할 수 없는 제안을 했다.

"제가 알려드린 자동화 툴은 1년만 사용해도 200만 원 정도는 써야 합니다. 문제는 대부분 외국에서 만들어졌기 때문에 사용에 어려운 부분도 있습니다. 이번에 제가 이 모든 것을 한 번에 해결할 수 있는 툴을 개발했습니다. 평생 제공합니다."

그 말을 듣고 나는 생각했다.

'저게 얼마든 사야 한다.'

실제로 나는 '랜드봇'이라는 자동화 툴을 사용하는데, 1년에 200만 원 정도가 나간다. 그런데 그 강사가 소개한 툴을 쓰면, 랜드봇은 물론이고 다양한 툴을 한꺼번에 사용할 수 있으며, 평생 사용이 가능했다. 더 놀라운 것은 판권, 즉 내가 다른 사람에게 팔 수도 있었다. 안 사면 바보라는 생각이 들 정도라 즉시 구매했다.

이처럼 무료 특강은 미래의 고객을 마케팅하는 최고의 방법 중 하나다. 실제로 앞에서 말한 강사는 최소한 1억은 벌었을 것으로 생각된다. 8시간 강의로 1억 이상의 매출이면, 시간당 약 1천만 원 이상의 강의료를 받은 것과 같다. 따라서 무료 특강은 무료 특강이 아니다.

일본에서 마케팅의 신이라 불리는 간다 마사노리는 《90일 만에 당신의 회사를 고수익 기업으로 바꿔라》에서 재미있는 일화를 소개한다. 대략적인 내용은 아래와 같다.

한 주택회사에 자료를 요청하면 집을 짓는 비결을 알 수 있는 비디오테이프와 미키마우스 컵을 보내준다는 말을 듣고 자료를 요청했다. 엽서를 보낸 지 단 2~3일 만에 영업사원이

왔다. 그런데 그 이후 어떠한 자료도 받을 수 없었다고 한다. 그 이유는 바로 한마디 때문이었다.

"5년 후에는 집을 구매할 것 같아요."

영업사원은 5년이라는 말을 듣고 바로 포기한 것이다. 하지만 잘 나가는 기업은 다르다. 미래 고객을 육성한다. 미래 고객에게 정보와 할인 등 매력적인 정보를 지속적으로 제공해서 신규고객을 확보한다. 그리고 그 미래 고객을 육성하는 최고의 방법 중 하나가 바로 무료 특강이다.

무료라는 것 자체가 사람들을 끌어당긴다. 심지어 고객에게 도움이 되는 강의나 상품이라면, 물건을 팔 기회가 생긴다. 유료 특강이라면, 과연 수백 명의 사람이 무료 특강을 들었을까?

"저는 수백 명이나 모을 자신이 없고, 제 강의를 그만큼 들을 것 같지 않습니다."

당연히 고객이 많으면 좋겠지만, 고객이 그리 많지 않아도 상관없다. 예를 들어 8주간의 무료 특강을 진행하고, 100만 원짜리 상품이나 서비스를 파는데, 4명이 구매한다면 어떨까? 4명 정도는 구매하지 않을까? 8주 동안 강의를 들을 정도면 분명 관심이 있다는 뜻이기 때문이다. 단 4명만 구매해도, 당신은 시간당 50만 원의 강의를 한 것이다. 충분히 할 만하지 않은가?

당신의 경험이나 지식, 그리고 지혜는 분명 그 이상의 가치가 있다. 평생의 경험이 100만 원의 가치도 없을까? 팔 생각이 없었거나 팔지 않았을 뿐이다. 당신의 경험은 분명히 가치가 있다.

무료 특강을 하기 위해서는 먼저 사람을 모아야 한다. 이때 가장 효과적인 도구가 바로 무료 소책자다. '매니챗' 프로그램을 사용하면 인스타그램에 댓글을 다는 등 사용했을 때, 자동으로 소책자를 보내거나 오픈채팅방에 초대가 가능하다. 즉 무료 소책자도 무료가 아닌 것이다.

　아무리 좋은 강의라도 들을 사람이 없다면 무의미한 강의가 되고 만다. 그러나 적은 숫자라도 모이면 충분히 세일즈가 가능하다. 그 잠재 고객을 모으기 위해서 '인스타그램 퍼널 자동화'가 필수다. 누군가 댓글을 달면, 자동으로 설정된 메시지나 선물을 보낼 수 있고, 무료 특강 등으로의 초대도 가능하니 안 하면 손해다. 아무리 좋은 콘텐츠가 있더라도 잠재 고객을 모을 수 없다면 비즈니스는 성공할 수 없다.

　또한, 많은 사람이 현재의 고객만을 대상으로 물건을 팔려고 한다. 하지만 현재의 고객은 물론 미래의 고객까지 끌어들이는 것이 좋다. 그 고객들에게 최고의 가치를 줘라. 단기간에 큰 성과를 낼지도 모른다. 아니 낼 수밖에 없다. 인스타그램을 통해서 꾸준히 글을 올려야 하는 이유다.

"좋은 정보 너무 감사합니다. 교육이나 상담도 가능한가요?"

　인스타그램에서 수없이 볼 수 있는 문구 중 하나다. 누군가는 그렇게 잠재 고객을 모으고, 수익화에 성공한다. 무료로 정보를 주면서 결국에는 돈을 벌고 있다.

　무료라고 하지만, 무료가 아닌 것이다.

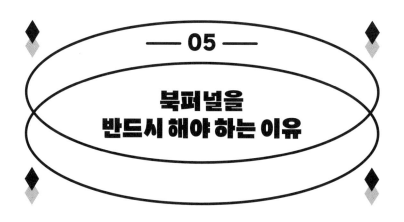

— 05 —

북퍼널을
반드시 해야 하는 이유

✳ ✳ ✳

"책 무료로 드립니다. 배송비만 내세요."

대략적인 책 한 권의 가격은 15,000원 정도다. 그런데 만약 내가 5,000원의 배송비만 받고 책을 무료로 보내준다면 당신은 어떻게 할 것인가? 심지어 여러분이 알고 싶은, 또 읽고 싶은 책이라면? 고민도 없이 신청할 것이다.

실제로 나는 단 12시간 만에 100명이 넘는 신청자를 받을 수 있었다.

이 아이디어는 《마케팅 설계자》에서 배울 수 있었다. 예전부터 사업으로 승승장구하던 러셀 브런슨은 친구의 제안에 책쓰기를 결정한다. 그리고 그 책을 무려 10만 부 넘게 팔았다. 어떻게 그럴 수 있었을까? 바로 '북퍼널(Book Funnel)' 덕분이었다. 러셀 브런슨은 배송비만 받고 책을 무료로 보내주었다. 실제로 나도 신청해보니 배송비만 내고 한 권의 책을 받을 수 있었다.

그런데 여기서 궁금한 점이 생기지 않는가? 배송비만 받고 책을 보내면 손해이지 않을까? 나도 이 부분이 궁금했다. 하지만 손해가 아니었다.

바로 두 가지 이유 때문이다.

첫 번째는 책만 파는 것이 아니다.

실제로 책을 무료로 보내준다. 하지만 고객이 혹할만한 업셀(Upsell)을 제안한다. 나의 경우는 책을 신청한 사람들의 대다수는 작가가 되고 싶어 했다. 당연히 책쓰기에 관한 책을 보내준다고 하니 수많은 사람이 신청했고, 그 사람들에게 나는 다음과 같은 제안을 했다.

저는 330만 원에 책쓰기 코칭을 제공하고 있습니다. 책쓰기 코칭에서 중요한 것이 바로 약 8시간 분량의 책쓰기 강의입니다. 이 강의만 마스터해도 작가가 될 수 있을 정도로, 심지어 책쓰기 코칭을 할 수 있을 정도로 시간과 정성을 쏟아서 강의합니다. 오늘 단 하루, 이 4주간의 강의를 90% 할인한 33,000원에 판매합니다. 지금이 아니면 구매할 수 없습니다.

과연 얼마나 팔렸을까? 처음에는 무료로 책만 신청할 것이라고, 그런 사람들이 대부분일 것으로 예상했다. 하지만 무려 60% 이상, 즉 60명이 넘는 분들이 내 제안을 받아들였다. 그렇게 나는 12시간 만에 200만 원이 넘는 매출을 올릴 수 있었다. 이렇게 업셀로 책값을 상쇄시킬 수 있다.

두 번째는 광고비라고 생각하는 것이다.

나는 메타 광고를 통해서 많은 시간 홍보를 진행했다. 고객의 DB를 얻는 데는 3,000원 정도의 비용이 필요했다. 그리고 그 고객들에게 내 오픈채팅방에 들어오게 하기 위해서는 약 만 원이 필요했다. 책값과 비슷했다. 즉 '투자'라고 생각하는 것이다.

실제 무료로 책을 받은 사람들이 거의 100% 오픈채팅방에 들어왔다. 무료로 책을 받은 것에 만족했고, 또 무료로 책쓰기 특강까지 해준다고 하니 책쓰기에 관심이 있다면 안 오는 것이 이상했다.

이것은 인스타그램에서도 똑같이 적용할 수 있다. 방식은 똑같다. 배송비만 내면 책을 무료로 보내준다고 하는 것이다. 그리고 실제로 배송비만 내면 책을 보내준다. 또는 전자책도 좋다. 그리고 여기서 업셀, 즉 거절할 수 없는 제안을 하면 된다.

당신이 어떤 콘텐츠를 가지고 있든지 마찬가지다. 그 콘텐츠가 담긴 전자책이나 종이책을 무료로 보내주고, 심화 버전의 전자책, 또는 강의 그리고 컨설팅을 제안할 수 있다. 러셀 브런슨은 실물인 '종이책'을 추천한다.

"안 팔아서 돈을 벌지 못하는 것이다."

한 강사가 했던 이 한마디가 잘 잊혀지지 않는다. 다시 말하지만, 당신의 경험은 누군가에게 큰 도움이 될 수도 있고, 통찰이 될 수도 있다. 당신의 경험은 누군가에게는 꼭 필요한 것일 수 있다. 그 콘텐츠로 책으로 만들어라. 전자책도 괜찮다. 여러분의 경험이 가득하고, 남에게 도움을 주고 싶다는 마음을 담아서 책을 만들어라. 짧아도 좋다. 오히려 짧은 전자책이 더 잘 팔린다. 핵심만 담겨 있기 때문이다.

그다음 전자책을 무료로 나눠주고, 무료 특강을 제안하라. 전자책과 무료 특강의 퀄리티가 훌륭하면 어떤 일이 생길까? 나중에는 고객이 물어본다.

"유료 특강은 안 하시나요? 컨설팅을 받을 수는 없나요?"

실제로 나의 첫 책 쓰기 코칭도 그러한 과정으로 시작되었다. 지금도 나는 꾸준히 무료 특강을 진행하고 있다. 그리고 무료 특강을 진행하다 보면 컨설팅 신청이 오고, 책쓰기 코칭 과정과 연결되는 사례가 많다. 그 시작을 책과 함께 하라. 북퍼널과 함께 하라.

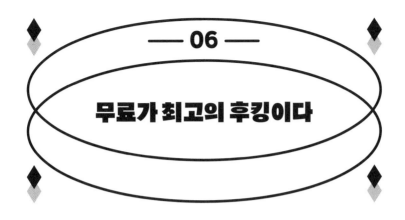

— 06 —

무료가 최고의 후킹이다

＊＊＊

얼마 전 아는 분의 자서전을 편집했다. 편집의 막바지에 미리 캔버스로 표지를 만들고 ISBN을 등록하기 직전이었다. 표지가 약간 아쉬웠지만, 내가 표지를 만들 실력도 없고, 그렇다고 비싼 돈을 들여서 만들기도 쉽지 않아서 어쩔 수 없는 상황이었다.

그때 우연히 한 카페의 글을 보게 되었다.

"책 표지 무료로 만들어 드립니다. N년 차 전문 디자이너입니다."

그동안 제작했던 표지를 보는데 디자인 감각이 뛰어났다. 나는 바로 댓글을 달았다.

"책 표지 신청합니다."

몇 시간 후, 나는 전문 디자이너가 만든 책 표지를 받을 수 있었다. 그리고 생각했다.

'다른 건 몰라도 표지는 돈 주고서라도 맡겨야겠다.'

최근에 출판사를 차리면서 전자책과 종이책을 낼 기회가 많아질 참이었다. 그럴 때마다 '표지를 어떻게 해야 하나' 걱정이 들었는데, 앞으로는 고민할 필요가 없어졌다. 한 전문가와 꾸준히 거래하기로 했기 때문이다.

만약에 이 디자이너가 무료로 표지를 만들어준다는 글을 카페에 올리지 않았다면 어떻게 되었을까? 나는 아마 이 전문가를 만나지 못했을 것이다. 왜냐하면, 나는 그럴 생각이 없었기 때문이다. 하지만 '무료'라는 최고의 후킹 덕분에 이 분과 만날 수 있었고, 비즈니스의 기회가 생겼다.

앞에서 말한 것처럼 최근에는 무료 특강이 정말 많다. 막상 들어보면 '이 정도면 돈 주고 들어야 하는 거 아닌가?' 싶을 만큼 강의 콘텐츠가 훌륭하다. 그런데 왜 무료일까?

'무료 특강이 최고의 후킹이기 때문이다.'

아마 무료 특강이 유료로 바뀐다면, 이전보다는 적은 수의 사람들이 강의를 신청할 것이다. 유료이기 때문이다.

"전자책을 무료로 드립니다."

최근 인스타그램에서 봤던 문구다. 이전부터 꾸준히 그분의 글을 보고 있었기 때문에 전자책을 신청했다. 심지어 무료라니, 신청을 안 할 이유가 없었다. 상세페이지를 보니 더 읽고 싶어졌다.

그런데 전자책을 신청하려는 찰나, 유료 전자책 신청 페이지가 보였다. 가격도 적당했을 뿐 아니라 인스타그램 마케팅을 위해 반드시 필요한 책이었다. 또 원한다면 일대일 컨설팅까지 제공받을 수 있었다. 어디서 본 것 같은 상황 아닌가? 그렇다. 앞에서 말했던 일종의 북퍼널인 것이다.

내가 진행했던 북퍼널이 잘됐던 이유도 무료라는 메리트 덕분이었다. 배송비만 내면 책을 주기 때문에 고객 입장에서는 손해볼 것이 없다. 만약에 완전 무료가 아니었다면 100명이 넘는 사람들이 신청하지 않았을 것이다.

무료라는 단어 자체가 중요하다. 무료 자체가 훌륭한 후킹이다. 무료라는 후킹이 없다면 어떻게 될까? 결과는 다음과 같다.

"책쓰기 코칭, 두 분만 신청받습니다."

500여 명이 있는 단톡방과 SNS에 홍보 문구를 올렸다. 별다른 준비 없이 '금방 2명은 마감되겠지'라는 생각으로 공지를 올렸다. 아무 반응이 없었다.

그동안 내가 실적이 없었던 것도 아니다. 단 90일 만에 출판사와 기획출판을 성공시켰다. 심지어 2명이나. 몇 년 동안 책을 써도 계약하지 못했거나 자비 출판, 또는 자가 출판하는 경우가 많고, 점점 기획출판이 어려워지는데도 불구하고 얻어낸 좋은 결과였기에 자신이 있었다.

"아직 공지를 못 봤겠지. 곧 신청할 거야."

하지만 끝끝내 책쓰기 코칭 신청은 없었다. 그 이후 쉬었던 무료 특강을 시작했다. 90일 만에 어떻게 두 명의 기획출판을 성공시켰는지, 어떻게 코칭을 했는지 상세하게 강의했다. 그러고 나서 일대일 무료 컨설팅을 받았다. 무려 20명이 넘는 분의 신청을 받을 수 있었다.

여기서도 중요한 것이 바로 무료라는 단어다. 아마 몇만 원이라도 받는다고 했다면, 그렇게 많은 신청은 없었을 것이다. 하지만 무료라는 후킹 덕분에 많은 사람의 신청을 받을 수 있었고, 잠재 고객도 만날 수 있었다. 물론 유료 컨설팅까지 연결되었다. 마치 내가 무료 책표지 작업을 신청했다가 나중에 유료 표지를 신청한 것처럼 말이다.

> **'미래 고객'을 모으려면 상품을 직접 판매하는 것보다 그 상품을 구매할 가능성이 높은 고객을 모집해야 한다.**
> _〈90일 만에 당신의 회사를 고수익기업으로 바꿔라〉 중에서_

전재적인 마케팅으로 유명한 간다 마사노리도 '미래 고객'을 모으라고 말한다. 그리고 그 수단으로 무료 소책자를 제안한다.

이 무료 소책자 덕분에 고객과의 위치가 바뀐다. 원래는 고객에게 물건을 사달라고 요청해야 하지만, 무료 소책자나 무료 특강 등으로 가치를 주면, 서로 포지션이 뒤바뀐다. 나중에는 고객이 물건을 팔아달라고 요청하는 일까지 생긴다.

실제로 나의 첫 책쓰기 코칭도 마찬가지였다. 무료 컨설팅을 했을 뿐이다. 그런데 다음과 같은 부탁을 듣게 되었다.

"저도 작가가 되고 싶습니다. 책쓰기 코칭 좀 해주시면 안 됩니까?"

그 이후로 나는 책쓰기 코치로 살고 있다. 하지만 무료로 가치를 주지 않았다면, 무료라는 최고의 후킹이 없었다면, 나는 아마 아직도 책쓰기 코칭을 시작하지 못했을 수도 있다. 물론 그때는 세일즈 전략을 모르고, 그저 남을 돕자는 생각으로 무료 컨설팅을 하다가 새로운 업이 생겼다.

당신은 어떤 분야의 전문가인가? 어떤 분야든 우선 무료로 잠재 고객에게 가치를 줘라. 무료 소책자를 주고, 무료 특강을 하고, 무료 컨설팅을 하라. 남에게 가치를 주면, 남을 성공시키면, 당신도 성공하게 된다. 그리고 언젠가는 나처럼 고객의 요청을 받을지도 모른다.

"유료 컨설팅은 없나요? 꼭 하고 싶습니다."

PART
6

마케팅 자동화로
비즈니스를 성장시키는 법

── 손힘찬(오가타 마리토) ──

베스트셀러 작가이자 인스타그램 38만 팔로워의 메가 인플루언서다.
출판사 대표, 작가, 기획가, 강연가 등 다양한 분야의 전문가로 활동하고 있다.
국내 1호 뉴미디어 콘텐츠로서 급변하는 시대에 문화의 발전을 위해 분야를 넘나들며 융
복합 콘텐츠를 개발하고 있다.

(마케팅 자동화에 대해 궁금한 사항이 있다면 편하게 문의해주세요)

인스타그램 : @ogata_marito, @businessman_marito
스레드 : businessman_marito

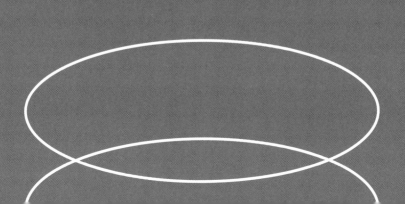

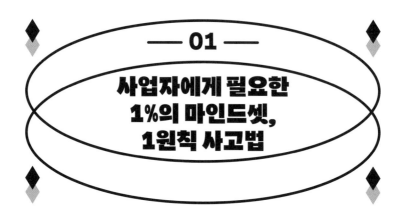

✦ ✦ ✦

스페이스 X, 테슬라의 CEO 일론 머스크(Elon Musk)는 물리학의 영향을 받아 사고법을 배웠는데, 새로운 일을 할 때 언제나 '1원칙 사고법'을 활용했다고 한다. 1원칙 사고법이란 어떤 문제가 발생했을 때 그 문제의 본질이 남을 때까지 생각이나 사실들을 덜어내는 사고방식이다. 쉽게 말하면 질문을 통해 답을 찾아내는 사고법이다. 대부분의 사람들이 '안 된다, 한계가 있다'라고 단정하는 것도 물리학적 사고방식, 즉 1원칙 사고법을 활용하면 문제를 해결할 수 있다.

일론 머스크가 화성으로 로켓 발사를 준비하던 당시의 일화다. 그는 직접 생산 공정을 설계하면서 많은 문제점을 발견했는데, 특히 비싼 비용 문제가 가장 컸다. 당시 대부분의 사람들은 로켓 제작 비용이 많이 들기 때문에 국가기관이 아닌 민간 기업에서의 우주 사업은 불가능하다고 생각했다. 물론 최첨단 기술이 적용된 제품들은 대량생산이 어렵고, 무엇보다 비용이 높을 수밖에 없었다.

먼저 일론 머스크는 자신에게 질문을 던졌다.

'왜 비쌀까? 생산량이 너무 낮아서 비싼 탓일까? 만약 1년에 백만 대를 생산한다고 하면 어떨까?'

제한된 상황에서 필요한 것은 '본질'이고 생각한 것이다. 로켓은 알루미늄, 티타늄, 인코넬, 구리와 같은 재료가 필요하다. 그는 계속해서 각각 필요한 무게와 비용 등 본질적인 질문을 던졌다. 그렇게 답을 도출한 결과, 실제 로켓 제작에 필요한 원재료는 고작 몇 %에 불과하다는 사실을 알아냈다. 로켓 제작이 비싼 이유는 원재료 자체가 비싼 게 아니라, 그것들을 잘 활용하지 못해서였다. 이를 파악한 일론 머스크는 로켓 제작비용을 10분의 1로 낮추는 데 성공했다.

당연한 것에 '진짜?'라고 물어야 한다. 그래야 진짜 해답을 찾아갈 수 있다.

이렇듯 1원칙 사고법에 익숙해지면 어떤 것이든 대량으로 만들 수 있다. 여기서 '어떤 것이든 대량으로 만들 수 있다'라는 건 '필요한 것을 효율적으로 설계한다'라는 뜻이다. 대부분의 사람들은 무언가 만들려고 할 때 기존 방법을 찾아보고, 그 방법을 활용해서 무언가를 만들려고 한다. 하지만 1원칙 사고법은 정반대다. 먼저 가장 이상적인, 완성된 모습을 상상한다. 그다음 이상적인 목표 달성을 위해 무엇이 필요한지 방법을 고민한다. 즉 기존의 방식들을 활용하기보다는 어떻게 원하는 것을 달성할지, 필요한 것은 무엇인지, 최적 방법 무엇인지를 역설계하는 것이다.

무엇보다 중요한 건 이런 사고방식으로 계속 생각해야 한다. 그렇지 않으면 관성, 즉 익숙한 방식으로 다시 돌아가게 된다. 원래의 익숙한 방식으로 하면 그에 부합된 결과물이 나올 수밖에 없으며, 이상적인(완벽한) 제품은 절대로 만들 수 없다. 그래서 항상 '양방향'으로 생각해야만 한다. 어떤 도구를 활용해서 무엇을 만들지 생각하면서도 '완벽한 제품은 무엇일까?'를 질문하라. 이론적으로 완벽한 제품은 계속 변한다. 더 많은 것을 배울수록 그 기준은 바뀐다. 실제로 완벽한 제품이 어떤 것인지 정확히 알 순 없다. 단지 원하는 것을 만들기 위해 필요한 본질이 무엇인지를 끊임없이 질문해야 한다.

1원칙 사고법을 3단계로 정리했다.

(1) 질문에서 시작하라

일론 머스크는 로켓 제작 과정에서 '왜 이렇게 비쌀까?'라는 '질문'을 던졌다. 대부분의 사람들이 로켓 제작비가 비싼 것을 필연적이라고 생각했지만, 그는 당연한 것으로 받아들이지 않았다. 그러면서 로켓을 구성하는 각 원재료의 실제 비용과 필요한 양을 철저히 분석하여, 실제 필요한 원재료 비용이 전체 비용의 극히 일부에 불과하다는 사실을 발견했다. 이러한 인식을 바탕으로, 마침내 제작 비용을 대폭 줄이는 방법을 찾아냈다.

(2) 본질을 파악하고 이상적인 목표를 설정하라

1원칙 사고법은 최적의 결과물을 창출하기에 앞서 '이상적인 완성품'을 상상하는 것에서 출발한다. 이 과정에서 필요한 것이 무엇인지, 그것을 달성하기 위한 최적의 방법이 무엇인지를 고민한다. 기존의 방식을 답습하는 것이 아닌 목표를 달성하는 데 필요한 '본질적 요소'들을 명확히 정의하고, 이를 효율적으로 설계하는 방법을 찾는다.

(3) 본질에 집중하여 문제를 해결하고, 지속해서 학습하라

어떤 문제든 '본질'에 집중하면, 그 해결책이 더욱 명확해진다. 예를 들어 효율적으로 대량 생산하기 위해서는 생산 과정에서 불필요한 요소를 제거하고, 필수적인 부분만을 강화해야 한다. 이를 통해 비용을 절감하고, 생산성을 높일 수 있다. 그만큼 지속적인 학습과 실험이 필요하다. 새로운 정보와 지식을 통해 이상적인 제품의 기준은 계속해서 변화할 것이다. 실제로 완벽한 제품을 만드는 것은 불가능할 수도 있지만, 우리가 추구하는 이상에 점점 더 가까워질 수 있다.

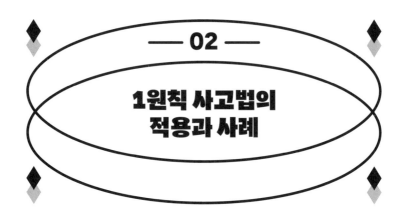

* * *

앞 상에서 말한 것처럼 1원칙 사고법을 적용하면 문제의 해결은 물론 새로운 혁신을 이룰 수도 있다. 1원칙 사고법에 대한 이해가 쉽지 않은 분들을 위해 '분해➔재구성➔해결' 3단계로 구분하여 누구나 바로 적용할 수 있도록 설명하겠다.

(1) 분해 : 문제의 근본적인 원인 파악

한 음식점이 평일 점심 시간대 '고객 수 감소'라는 문제에 직면했다고 가정하자. 이 문제를 해결하기 위해 사장님은 먼저 '고객들이 왜 점심 시간대에 방문하지 않는가'에 대한 근본적인 이유를 찾아야 한다. 고객 설문조사, 경쟁 업소 분석, 내부 데이터 검토 등을 통해 문제의 근본적인 원인을 파악했다. 그 결과, 고객들을 응대하는 서비스 속도가 느려 시간에 쫓기는 점심시간에 고객들이 다른 음식점을 선택한다는 것을 알아냈다.

(2) 재구성 : 새로운 해결책 모색

문제의 근본 원인을 파악한 후, 음식점은 점심 시간대에 빠른 서비스를 제공할 수 있는 새로운 메뉴와 서비스 모델을 도입하기로 했다. 예를 들어 '7분 내 서빙 완료' 메뉴를 개발하여 시간이 부족한 직장인 고객을 대상으로 홍보했다. 또한, 주문과 결제 과정을 간소화하기 위해 모바일 앱을 도입하여 고객이 미리 주문할 수 있게 했다. 이러한 변화는 고객이 원활하고 빠른 서비스를 경험할 수 있게 해준다.

(3) 해결 : 실행과 결과 분석

새로운 메뉴와 서비스 모델을 도입한 후, 음식점은 실제로 점심 시간대 고객 수와 매출의 변화를 지속적으로 모니터링했다. 초기 결과는 매우 긍정적이었고, 고객 만족도 조사에서도 높은 평가를 받았다. 이에 더해 음식점은 고객 피드백을 수집하여 메뉴와 서비스를 지속적으로 개선해 나갔다. 이러한 과정을 통해 음식점은 점심 시간대 매출을 성공적으로 증대시킬 수 있었고, 고객 충성도 또한 향상되었다.

＊ ＊ ＊ ＊ ＊

이 사례는 1원칙 사고법을 통해 문제의 본질을 꿰뚫고, 기존의 관행에 얽매이지 않는 창의적인 해결책을 찾아내어 실제 비즈니스 환경에서 성공적으로 적용한 좋은 예다. 이처럼 음식점 사장님들도 자신의 비즈니스 문제를 체계적으로 분석하고, 과감하게 새로운 방안을 시도함으로써 매출 증대와 고객 만족도 향상을 이룰 수 있다.

다음은 의류 소매업체로 예를 들어보겠다.

(1) 분해 : 문제의 근본적인 원인 파악

한 의류 소매업체가 온라인 매출이 기대에 미치지 못하는 문제를 겪고 있었다. 이에 1원칙 사고법을 적용, 먼저 고객 데이터와 웹사이트 트래픽, 구매 패턴, 경쟁사 분석 등을 통해 문제의 근본 원인을 파악하기 시작했다. 분석 결과, 웹사이트에 방문하는 고객들의 이탈률이 높고, 재방문율도 낮다는 것을 발견했다. 또한, 이메일 마케팅의 개별 고객 반응이 기록되지 않았기 때문에 효과적인 고객 커뮤니케이션 전략을 수립하는 데 어려움이 있었다.

(2) 재구성 : 새로운 해결책 모색

문제의 근본 원인을 파악한 후, 의류 소매업체는 마케팅 자동화 도구를 도입하여 이메일 캠페인을 최적화하기로 했다. 이후 마케팅 자동화(매니챗 활용)를 통해 각 고객의 행동과 반응을 기반으로 개인화된 마케팅 메시지를 자동으로 생성하고 전송할 수 있게 되었다. 예를 들어 고객이 특정 제품을 장바구니에 담고 구매하지 않은 경우, 이메일을 통해 특정 할인 정보를 제공하거나, 구매를 장려하는 메시지를 보내는 방식이다. 또한, 첫 방문 고객에게는 환영 쿠폰을 제공하여 재방문을 유도하고, 장기간 방문하지 않은 고객에게는 재방문 유도 이메일을 발송한다.

(3) 해결 : 실행과 결과 분석

마케팅 자동화 도구를 도입한 후, 의류 소매업체는 각 이메일 캠페인의 성공률을 모니터링하여 개선 방안을 지속적으로 모색했다. 자동화된 이메일 시스템 덕분에 개인화된 마케팅 메시지가 고객의 구매 전환율을 상당히 향상시켰으며, 이는 곧 매출 증대로 이어졌다. 이메일 캠페인의 반응률, 개방률과 전환율 데이터를 분석하여 향후 캠페인 전략을 더욱 세밀하게 조정하였다.

* * * * *

이 사례에서 볼 수 있듯이, 1원칙 사고법을 마케팅 자동화에 적용한 의류 소매업체는 단순한 문제의 표면적인 증상이 아닌 근본적인 원인을 파하여 본질적인 문제를 해결하고, 이를 기반으로 효과적이고 지속 가능한 마케팅 전략을 구축할 수 있었다. 이처럼 어떤 문제가 발생했을 때 1원칙 사고법으로 접근하는 방식은 복잡한 비즈니스 문제에 대해 체계적이고 창의적인 해결책을 찾는 데 매우 유용하다.

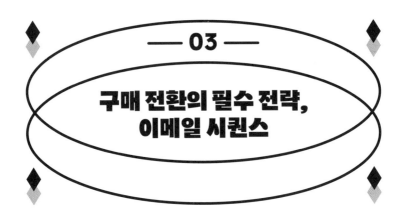

─ 03 ─
구매 전환의 필수 전략,
이메일 시퀀스

* * *

　수많은 백만장자를 배출한 마케팅 기법인 '프로덕트 런치 포뮬러(Product Launch Fomula/이하 PLF로 표기)' 이야기로 시작하겠다. 이 기법의 창시자인 제프 워커(Jeff Walker)는 한국에 널리 알려지지는 않았지만, 그에게 배운 유명인으로《마케팅 설계자》의 저자인 러셀 브런슨(Russel Brunson)을 비롯해《네 안에 잠든 거인을 깨워라》의 토니 라빈스(Tony Robbins),《백만장자 메신저》의 브렌든 버처드(Brendon Burchard), 세계 전역에서 마케팅 구루로 존경받는 댄 케네디(Dan Kennedy) 등이 있다.

　사실《인스타그램 마케팅 자동화》책에서 말하는 '자동화 마케팅'도 PLF에서 변형한 것이다. 이미 26년 전에 개발된 PLF는 10억 달러 넘게 벌어들일 만큼 검증된 기법으로, 우리말로 직역하면 '제품 출시 공식'이다. 미국의 온라인 다이렉트 마케팅(DRM)은 대부분 PLF의 영향을 받았다. 그런데 PLF에서 가장 중요한 부분을 차지하는 것이 바로 이메일 시퀀스(Sequence) 자동화 전략이다. 이 전략은 단계별로 고객과의 신뢰를 구축하고, 가치를 제공하며, 최종적으로 구매로 이어지도록 설계되었다.

1) 목표를 정의하라

이메일 시퀀스를 시작하기 전에 캠페인의 목표를 정의하는 것은 매우 중요하다. 먼저 이메일 리스트를 검토하면서 새로운 제품이 해당 리스트의 사람들에게 어떻게 어필할 수 있을지를 파악한다. 그러면 이메일 콘텐츠를 작성할 때 도움이 된다. 예를 들어 '특정 제품 구매, 웹사이트 방문, 뉴스레터 구독' 등이 목표가 될 수 있다.

또한, 이메일 수신자에게 취할 행동도 규정해 놓으면, 성공적인 캠페인이었는지 평가하는 기준을 설정할 수 있다. 캠페인의 성공을 측정할 수 있는 명확한 기준을 설정하면, 각 이메일이 구체적인 목적을 갖고 작성될 수 있다. 목표 설정은 이메일 마케팅의 모든 단계를 안내하며, 이를 통해 더욱 효과적인 캠페인을 진행할 수 있다 .

목표 정의에 대한 5가지 예시는 다음과 같다.

① **리드 생성 :** 새로운 고객의 연락처 정보를 수집하는 것을 목표로 설정할 수 있다. 특정 상품에 대한 정보를 요청한 사람들의 이메일을 수집하여 잠재 고객 목록을 확장하는 것이다.

② **제품 출시와 판매 증대 :** 새로운 제품이나 서비스를 시장에

소개하는 동시에 해당 제품의 초기 판매량을 늘리는 것을 목표로 설정할 수 있다. 이메일을 통해 특별 프로모션, 할인, 제품 정보를 제공하여 구매를 유도한다.

③ **고객 충성도 증진 :** 기존 고객과의 관계를 강화하고 재구매를 유도하기 위한 캠페인을 실행한다. 예를 들어 구매 고객을 대상으로 한 특별 할인 쿠폰을 제공하거나, VIP 고객 이벤트 초대 등을 통해 고객 충성도를 높일 수 있다.

④ **브랜드 인지도 향상 :** 자신의 브랜드나 서비스에 대한 인지도를 높이는 것을 목표로 설정할 수 있다. 이메일 캠페인을 통해 브랜드 이야기, 성공 사례, 고객 후기 등을 공유하면서 브랜드의 신뢰성과 인지도를 증진시킬 수 있다.

⑤ **교육과 정보 제공 :** 고객에게 유용한 정보를 제공하여 가치를 더하고, 장기적인 관계를 구축하는 것을 목표로 설정할 수 있다. 예를 들어 업계 관련 팁, 사용 가이드, 교육 웨비나(Webinar) 등을 이메일을 통해 제공하여 고객의 지속적인 관심을 유지할 수 있다.

2) 오퍼와 퍼널 정의

목표를 정의했다면 제품의 고유한 판매 포인트와 고객에게 제공할 인센티브를 설명한다. 두 번에 걸쳐 이메일을 발송하는데, 핵심은 제품의 이점을 명확히 설명하고, 경쟁사 제품과의 차별점을 강조해야 한다. 예를 들어 경쟁사 제품과 동일한 기능을 더 저렴한 가격에 제공하는지, 또는 시장에 새롭게 도입된 고급 기능을 포함하고 있는지를 설명한다.

또한, 초기 구매자에게 제공할 할인 혜택이나 기타 인센티브를 명확히 한다. 이러한 초기 인센티브는 제품 출시 첫날에 구매를 유도하는 데 매우 효과적이다. 이메일 시퀀스의 각 단계에서 고객이 얻을 수 있는 혜택을 강조하고, 구매를 유도하는 메시지를 전한다.

메시지의 예시는 다음과 같다.

■ 제품 : 고성능 스마트 가전제품

유니크 셀링 포인트(USP) : 이 스마트 가전제품은 집안의 모든 전자기기를 하나의 앱에서 제어할 수 있는 통합 기능을 제공합니다. 경쟁사 제품들이 각각의 가전제품을 따로 제어해야 하는 불편을 해소하여 사용자의 편의성을 극대화합니다.

오퍼 : 제품 출시를 기념하여 첫 1주일 동안 20% 할인된 가격에 제공하며, 추가로 첫 구매 고객 100명에게는 한정판 스마트 홈 액세서리 패키지를 무료로 제공합니다.

■ 이메일 시퀀스

첫 번째 이메일 : 제품의 통합 제어 기능과 사용의 편리함을 강조하고, 출시일과 할인 혜택을 안내한다.

두 번째 이메일 : 시장에 없는 통합 제어 기능의 혜택을 사례를 들어 설명하고, 한정판 액세서리 패키지의 추가 혜택을 상세히 소개한다.

그런데 내가 인스타 마케팅으로 고객 DB를 수집하고 연락해도, 이메일 마케팅에서 반응이 없거나 낮은 고객, 무료 제품에는 관심을 보이지만 제품 구매까지 이어지지 않는 고객도 있다. 이들에게는 특별한 접근 방식을 사용하는 것이 중요하다.

두 유형 고객에게 보내는 이메일 예시는 다음과 같다.

■ 이메일 반응이 없거나 낮은 고객 대상 이메일

이번 기회를 통해 저희 제품이 어떻게 일상을 변화시킬 수 있는지 경험해 보시기 바랍니다.

[할인 쿠폰 코드] – 단, 이틀 내로만 유효합니다!

제품에 대해 더 궁금한 점이 있으시다면 언제든지 문의해 주세요. 고객님의 피드백을 기다리고 있겠습니다.

감사합니다,

[회사명] 팀

■ 무료 제품에만 관심 있는 고객 대상 이메일

제목: [고객 이름]님, 무료 체험 후 어떠셨나요? 이제 본 제품을 경험해 보세요!

내용:

안녕하세요, [고객 이름]님!
저희 무료 제품 체험에 참여해 주셔서 감사합니다. 고객님께서 제공받은 [무료 제품명]은 어떠셨나요? 이제 [본 제품명]을 통해 더욱 확장된 기능과 혜택을 경험하실 수 있습니다.

[본 제품명]은 [무료 제품]의 기능을 포함하고 더 많은 추가 기능을 제공하여, 고객님의 요구를 완벽하게 충족시켜 드립니다. 제한된 시간 동안, 이 전환 이메일을 받은 고객님들께만 특별 할인을 제공합니다!

지금 바로 [할인 코드]를 사용해 체크아웃하실 때 할인 혜택을 누리세요. 이

기회를 놓치지 마세요! 제품에 관한 자세한 정보나 추가 문의 사항이 있으시면 언제든지 저희에게 연락 주세요.

감사합니다.

[회사명] 팀

3) 이메일 리스트 세분화

세분화된 이메일 리스트는 캠페인의 성공을 크게 높일 수 있다. 고객의 최근 구매, 이메일 응답, 소비 습관 등에 따라 리스트를 세분화하여 각 세그먼트(Segment)에 맞춘 메시지를 보내는 것이 효과적이다. 예를 들어 최근에 제품을 구매한 고객에게는 추가 제품을 홍보하는 것이 효과적일 수 있으며, 이메일을 자주 열어보는 고객에게는 감사 인사를 전하며 새로운 제품을 소개할 수 있다.

이메일 리스트 세분화는 고객의 행동과 취향에 따라 맞춤형 메시지를 보내는 데 필수적이다. 이를 통해 이메일 캠페인의 참여율과 전환율을 크게 향상시킬 수 있다. 하지만 첫 번째 캠페인에서는 세분화를 신중하게 접근해야 하며, 초기 이메일의 반응을 보고 필요에 따라 세분화를 조정하는 것이 좋다 .

4) 이메일 발송 수량 결정

이메일 시퀀스에서 몇 개의 이메일을 보낼지 결정하는 것은 중요하다. 단지 홍보성 이메일만 보내는 건 고객의 참여도를 이끌어

낼 수 없고, 기껏 수집한 고객 DB가 무용지물이 될 수 있다. 제프 워커의 PLF에서는 제품 출시 전 34개의 이메일을 보내고, 출시 후 2개의 이메일을 추가로 발송하는 것을 권장한다. 이는 총 6개의 이메일로 구성되며, 각 이메일은 PDF, 비디오, 블로그 포스트 또는 팟캐스트와 연결된다. 즉 제품이 출시되기 전에 고객의 관심을 끌고 참여를 유도한다.

이 방법은 고객이 제품에 대해 더 많이 알고, 구매를 결심할 수 있도록 도와준다. 또한, 이메일 수량은 고객의 반응에 따라 조정될 수 있으며, 필요에 따라 추가적인 프로모션 이메일을 보낼 수 있다.

5) 이메일 카피 작성

이메일 카피는 고객이 특정 행동을 취하도록 유도하는 중요한 역할을 한다. 각 이메일은 특정 목적을 가져야 하며, 반복되지 않는 내용으로 구성되어야 한다. 주제별로 관심을 끌고, 가치 있는 정보를 제공하며, 궁극적으로 구매 행동을 유도하는 카피를 작성한다. 예를 들어 첫 번째 이메일에서는 제품의 기회를 소개하고, 두 번째 이메일에서는 제품의 변화를 보여주는 등 단계별로 구체적인 목적을 설정한다.

또한, 이메일 카피는 개인화된 메시지와 명확한 행동 유도를 포함해야 한다. 이를 통해 고객이 이메일을 열어보고, 제품에 관심을 갖고, 최종적으로 구매로 이어지도록 할 수 있다 .

6) 순수 가치 제공 이메일

모든 이메일을 판매를 목표로 발송할 필요는 없다. 순수하게 가치 있는 정보를 제공하는 이메일도 포함시켜야 한다. 이는 고객의 참여를 유지하고, 이메일 시퀀스의 효과를 높이는 데 도움이 된다. 예를 들어 링크 빌딩 전략, 고수익 제휴 프로그램 찾기 등의 주제로 독자들에게 실질적인 도움을 주는 내용을 포함할 수 있다. 이러한 이메일은 독자들에게 유용한 정보를 제공하여 신뢰를 쌓고, 최종적으로 제품 구매로 이어질 수 있도록 한다. 그러나 너무 많은 정보를 무료로 제공하지 않도록 주의해야 한다. 이는 고객이 제품을 구매할 동기를 잃게 할 수 있기 때문이다.

7) 독특한 각도 설정

각 이메일은 고유한 각도를 가지고 있어야 한다. 제품의 기회를 소개하고, 변화를 보여주며, 궁극적으로 고객이 제품을 소유한 것처럼 느끼게 해야 한다. 예를 들어 첫 번째 이메일에서는 제품의 기회를 소개하고, 두 번째 이메일에서는 제품의 변화를 보여주며, 세 번째 이메일에서는 고객이 제품을 소유한 것처럼 느끼게 하는 등 단계별로 구체적인 각도를 설정한다. 이를 통해 고객의 관심을 유지하고, 참여를 유도할 수 있다. 또한, 각 이메일은 고객에게 새로운 정보를 제공하고, 제품에 대한 관심을 유지하도록 도와야 한다.

8) 오퍼 추가 및 세일즈

캠페인 중간에 특별한 오퍼를 추가하여 참여를 유지하는 것이 중요하다. 예를 들어 시범 사용 기간이나 무료 다운로드 등을 제공하여 이메일 시퀀스의 효과를 높일 수 있다. 오퍼 추가는 고객의 관심을 끌고, 이메일 시퀀스의 중간에 참여를 유지하는 데 도움이 된다. 또한, 이러한 오퍼는 이메일 시퀀스의 성과를 분석하고, 필요에 따라 조정할 수 있는 유연성을 제공한다. 이를 통해 이메일 시퀀스의 효과를 극대화하고, 고객의 참여를 유도할 수 있다.

✳ ✳ ✳ ✳ ✳

앞의 내용이 복잡하다면 '가치 제공➜관계 구축➜구매 유도' 이 3단계를 거쳐서 고객에게 제품 판매를 제안한다고 생각하면 된다.

고객에게 보내는 세일즈 이메일의 두 가지 예시를 소개하겠다.

■ 구매 유도 시작 이메일

제목: 오늘 밤 자정까지만! [제품명]을 특별 할인가에 만나보세요!

내용: 안녕하세요 [고객 이름]님, 지난 몇 주간 제공 드린 [제품 관련 정보]가 어떠셨나요? 저희 [제품명]에 대한 여러분의 반응을 보고 정말 기뻤습니다. 이제 [제품명]을 실제로 체험할 차례입니다!
단 하루 동안, [제품명]을 20% 할인된 가격에 제공합니다. 이 기회를 놓치지 마세요!

[할인 링크]

또한, 오늘 구매하시는 모든 분들께 [추가 보너스]를 무료로 드립니다. 저희 제품이 [고객의 문제]를 어떻게 해결해 드릴 수 있는지 직접 확인해 보세요. 감사합니다.

[당신의 이름] – [회사명]

■ 마감 임박 강조 이메일

제목: 마지막 기회 [제품명] 할인이 몇 시간 후에 종료됩니다!

내용: 안녕하세요 [고객 이름]님, [제품명]에 대한 특별 프로모션이 곧 끝납니다. 지금 바로 구매하셔서 [할인율]의 혜택을 누리시고, [추가 보너스]도 받아가세요!
이번 기회를 놓치면, [제품명]을 이 가격에 다시 만나볼 수 없습니다.

[구매 링크]

저희 제품으로 [고객의 문제]를 해결할 수 있는 최고의 기회를 잡으세요. 지금 바로 행동하십시오!

감사합니다.

[당신의 이름] – [회사명]

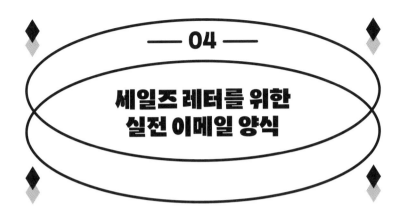

— 04 —
세일즈 레터를 위한 실전 이메일 양식

* * *

고객에게 제품 판매나 서비스를 제공하고 할 때 세일즈 레터는 필수다. 특히 고객을 직접 만나 응대할 수 없는 상황에서 세일즈 레터와 카피라이팅은 매우 중요하다. 이번 장에서는 실전에서 활용할 수 있는 세일즈 레터의 양식을 소개하겠다.

■ 1일 차 이메일

> 안녕하세요. [고객 이름] 님, 손힘찬입니다. 저와 함께하시게 된 걸 환영합니다.
> 저는 인스타그램에서 2017년부터 포스팅을 해왔습니다. 포스팅한 게시물의 횟수는 1만 개가 넘습니다. 제게는 작가의 꿈이 있었기에 베스트셀러 도서를 만들기 위해 책 홍보를 시작했습니다.
> 그 후로 벌써 7년 차가 됐네요. 그동안 피트니스 계정, 패션 계정, 음식 계정, 인스타툰 등 다양한 계정을 운영하는 분들의 계정을 컨설팅 해 왔습니다. 이 많은 테스트 과정의 결과를 이메일 뉴스레터를 통해 전해드리려고 합니다.

저의 목표는 이 뉴스레터가 다른 분들이 제공하는 유료 강의, 콘텐츠보다 더 가치 있는 무료 콘텐츠로 만드는 일입니다. 즉 [고객 이름] 님은 무료로 유료 뉴스레터를 구독하는 것과 다를 게 없는 것입니다.

내일 보내드리는 이메일은 기대하셔도 좋습니다.
제 인스타그램 노하우를 담은 제품을 받아볼 수 있을 겁니다.

인스타그램을 배우고자 하는 분 중에서 이 제품을 아쉬워하는 경우는 못 봤습니다. 후회되지 않을 겁니다. 어떤가요. 기대되시나요?

그럼 내일 이메일로 뵙겠습니다.

당신의 인스타 친구 손힘찬이 드림

추신) 다음에 제가 보낼 이메일 제목은 [2/3 : 7만 팔로워 수익, 0원?!] 입니다.

■ 2일 차 이메일 : 7만 팔로워 수익, 0원?!

'어떻게 이럴 수 있지⋯⋯.'
제가 인스티그램을 시작한 지 1년 성도 됐을 때입니다. 충분한 인스타그램 계정 육성에 대한 감각을 익히고, 운 좋게 팔로워는 7만 명까지 달성할 수 있었습니다.
하지만 여기서 문제가 생겼습니다. 저는 여전히 아르바이트를 하면서 생계를 해결하고 있었고, 인스타그램으로 벌어들이는 돈은 0원이었다는 점입니다.
그래도 제 첫 책인 《오늘은 이만 좀 쉴게요》가 나왔으니 다행입니다. 팔로워가 7만 명은 되니 적어도 1만 명은 제 책을 구매해 줄 것으로 알았습니다.

그런데 이게 무슨 일인가요? 첫 달에 책이 나와서 들인 수입은 150만 원이 었습니다. 아르바이트 한 달 월급과 다를 게 없었던 것이지요.

아마 인스타그램 마케팅을 통해 매출을 올리려고 하거나, 인스타그램 수익화를 기대하고 인스타그램 시작하셨던 분들은 저와 비슷한 심정을 겪었으리라 생각합니다.

저는 그날 밤, 잠들기 어려울 정도로 괴로웠습니다. 그러나 다음 날 저는 온종일 생각했습니다. 책을 팔아도 작가로서 생계를 유지할 수 있고, 이대로라면 인스타그램을 할 의미가 없다는 것을 말이지요.

그 순간, 저는 무언가 변화시켜야 한다는 것을 깨달았습니다. 저는 제 인스타그램 계정을 단순히 팔로워 수를 늘리는 것에서 벗어나, 진정한 가치를 전달하고 접속하고자 하는 사람들과의 교류에 초점을 맞추기 시작했습니다.

이를 통해 저는 어떻게 하면 소셜 미디어를 통해 진정한 영향력을 발휘할 수 있는지에 대한 아이디어를 떠올렸습니다. 그리고 이 아이디어는 오늘 드릴 책과 연계되어, 저에게 놀라운 성공을 가져다주었습니다.

그렇다면, 내일 보내드릴 이메일을 꼭 확인하십시오. 저에게 어떤 변화가 일어났는지, 그리고 그것이 어떻게 저를 여기까지 오게 했는지 보여드릴 겁니다.

무엇보다도 [고객 이름]님도 제 경험을 통해 어떻게 같은 결과를 얻을 수 있는지 알 수 있을 것입니다.

아, 잊어버릴 뻔했네요. 어제 제가 드릴 수 있는 제품을 드린다고 했습니다. 아래 링크를 통해 신청하시면 됩니다.

[링크] 첨부

배송비만 부담하시면 《1퍼센트 성공의 법칙》을 무료로 보내드립니다. 이 책은 이론서가 아니라 당장 따라 할 수 있는 제 인스타그램 실전 노하우들이 담겨있습니다.

책을 받아볼 주소를 알려주시고, 이 책이 [고객 이름] 님의 인스타 수익화를 성공적으로 시켜줄 수 있기를 바랍니다. 주변에는 절대 알리지 말아주세요. 제 콘텐츠의 가치를 알아봐 주시는 분에게만 드리는 저의 선물입니다.

그럼 내일 마지막 메일 [3/3 37만 인플루언서 수익화 전략]의 내용에 대해 말씀드리겠습니다.

당신의 인스타 친구 손힘찬이 드림

■ 3일 차 이메일 : 37만 인플루언서 수익화 전략

저의 첫 수익화가 도서 판매 부진으로 좌절을 겪었을 때 판매 할 아이템에 대해 고민해야만 했습니다. 그때 처음 고민했던 것이 '원데이 클래스'였습니다. 저는 글을 쓰는 작가이니 '자존감 글쓰기 수업'이라는 주제로 4만 원 받고 4시간 진행했었습니다. (시간 대비 저렴하지 않습니까?)
물론 이것만으로 한계가 있을 게 뻔하니 더 많은 고민을 하는 와중에 떠올린 건 '광고'였습니다. 저는 이미 제 책을 베스트셀러로 만든 상황이었으니 출판사와 거래하기로 마음먹었습니다.
처음에 제안서를 만들고 출판사와 거래했을 때는 포스팅 비용으로 3만 원 받고 시작했습니다. 그다음은 10만 원, 30만 원, 50만 원, 150만 원, 350만 원까지 단가를 올릴 수 있었습니다. 물론 이 과정에서 성과를 위한 퍼포먼스는 기본 전제였습니다.
적지 않은 금액의 수익을 벌어들였고, 저는 지금 출판사 대표가 될 수 있었습니다. 지난날을 돌이켜보면, 유명 인플루언서부터 프렌차이즈 대표님까지 도서 작업을 했지만 소위 말하는 '디지털 노가다'를 해야만 했습니다.
저는 그 과정에서 배운 비밀이 있습니다. 그 키워드는 '자동화'였는데요. 이번에 제가 주최하는 마케팅 자동화 오프라인 행사가 좌석이 열 개 남은 상황입니다.

그 비밀에 대해 궁금하다면 아래 링크를 통해 만나보세요.

[신청 링크]

감사합니다.

당신의 인스타 친구 손힘찬이 남김.

여기까지가 고객의 DB를 수집하고, 관계를 쌓기 위해 선물을 제공하고, 또 내가 주최하는 세미나나 이벤트, 판매 제품을 홍보하기 위한 과정이었다. 이 내용을 자유롭게 변형해서 사용해보기 바란다. 물론 내가 작성한 것보다 더 고도화하면 좋다. 독자님만의 이야기, 가치 제공, 혜택 등 할 수 있는 방법은 무궁무진할 것이다.

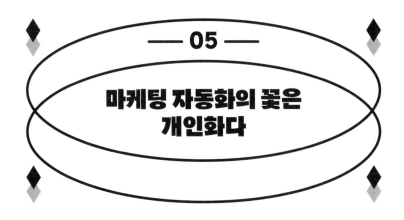

05

마케팅 자동화의 꽃은 개인화다

✦ ✦ ✦

당신이 여기까지 글을 읽었고, 인스타 마케팅 자동화 입문을 완료했다면 이제 준비가 되었다고 생각한다. 이번 장에서는 마케팅 자동화로 갈 수 있는 지름길을 알려주겠다. 핵심 키워드는 '개인화'다. 당신이 고객을 대상으로 '개인화'할 수 있다면, 매출은 자연스럽게 따라오게 될 것이다. 간단한 예시를 들겠다. 어느 유명한 연예인이 있는데, 그녀가 인스타그램에서 모든 팬을 맞팔해주었다고 가정하자. 이에 대한 여론의 반응은 당연히 긍정적일 수밖에 없고, 맞팔해준 그녀의 마음에 팬들은 감동할 수밖에 없었다.

또 다른 예시로 당신이 보유한 고객 DB가 존재한다고 가정하자. 그 고객은 '2024년도 5월 2일 18:48분'에 당신의 행사, 특강, 이벤트에 참여했던 사람이다. 이런 참석 시간이 뜨는 걸 타임스탬프(Time Stamp)라고 한다. 그렇다면 매번 똑같은 광고 문자를 보낼 바에 이렇게 보내는 것이다.

> "[고객 이름] 님 [2024. 5. 2 오후 6:48:35]에 저희 '힘찬치킨' 이벤트에 참석하셨었네요! 이번에 저희 가게 신상품이 나왔는데, 특별히 [고객 이름] 님에게만 30% 할인 쿠폰과 [서비스]를 제공 드리고자 합니다. 이번 달 말까지 사용 가능하시니 꼭 뵈어요. 감사합니다 :)"

이런 식으로 활용할 수 있다. 물론 기초적인 내용이며 결국 홍보 수단이지만, 고객 입장에서는 매번 똑같은, 즉 남들에게도 뿌려지는 전단지 같은 내용을 받는 것보다는 나을 것이다. 여기서 고객 DB의 거주지나 생일, 자녀의 이름 등 받는다면, 개인화할 수 있는 내용은 무궁무진하다. 자동화의 꽃은 '개인화'다. 이 책에서는 기초적인 내용 위주로 다루지만, 후속작이 나온다면 '마케팅 퍼널 자동화'에 대한 심층적인 이야기를 할 수 있을 것이다.

이번 장에서는 개인화를 통해 할 수 있는 구체적인 전략에 대해 말하겠다. 마찬가지로 제프 워커의 PLF를 바탕으로 내용을 풀어갈 것이다.

1) 고객의 대화에 참여하기

제프 워커는 마케팅 전략의 기본은 '고객의 관점'에서 시작하는 것이라고 강조한다. 이는 고객이 겪고 있는 문제, 고객이 원하는 즐거움과 희망, 그리고 고객이 가진 좌절과 고통을 이해하는 것을 의미한다. 이러한 이해를 바탕으로 고객의 필요와 욕구를 충족시키는 개인화된 메시지를 전달하는 것이 중요하다.

예를 들어 기타 연주를 배우고자 하는 고객을 대상으로 한 마케팅 캠페인을 진행한다고 가정하자. 기타 연주에 대한 전문 지식을 갖춘 마케터는 초보자들이 자주 겪는 어려움을 이해하고, 이러한 문제를 해결할 수 있는 콘텐츠를 제공해야 한다. 이를 통해 고객은 자신이 필요한 정보를 정확히 얻을 수 있으며, 마케터와 더 깊은 연결을 맺게 된다 .

보다 구체적으로, 제프 워커는 자신이 제공하는 기타 연주 프로그램을 홍보할 때 초보자가 흔히 직면하는 문제들을 강조한다. 그들은 연습 시간 확보의 어려움, 복잡한 코드 암기, 적절한 연습 방법 등이다. 이러한 문제를 해결하는 구체적인 팁과 가이드를 이메일 시퀀스에 포함시킴으로써 고객이 자신의 문제를 해결하는 데 도움을 준다.

또한, 성공적인 연주자들의 사례를 통해 영감을 주고, 이들의 경험을 통해 고객이 자신의 목표를 달성할 수 있음을 보여준다. 이를 통해 고객은 자신이 이해받고 있으며, 필요한 지원을 받고 있다는 느낌을 받게 된다 .

2) 개인화된 이메일 시퀀스

제프 워커는 이메일 마케팅에서 개인화된 시퀀스를 사용하는 것이 중요하다고 말한다. 각 이메일은 고객의 특정 행동에 맞춰 작성되어야 하는데, 고객의 이름을 포함하고, 고객의 특정 요구에 맞는 가치를 제공해야 한다. 이를 통해 고객과 더 깊은 연결을 맺고, 그들이 필요로 하는 정보를 적시에 제공할 수 있다. 예를 들어 특정 제품을 구매한 고객에게는 그 제품과 관련된 추가 정보를 제공하거나, 해당 제품을 최대한 활용할 수 있는 팁을 제공하는 것이 효과적이다.

구체적으로는, 새로운 온라인 코스를 출시할 때, 이전에 그의 코스를 수강한 적이 있는 고객에게 맞춤형 이메일을 보내는 일이다. 이 이메일에는 새로운 코스의 특징과 이전 코스와의 차별점, 그리고 기존 고객에게만 제공되는 특별 할인 혜택 등이 포함된다. 이러한 개인화된 접근 방식은 기존 고객이 새로운 코스에 관심을 갖도록 유도하며, 높은 전환율을 이끌어낸다. 또한, 이메일 내용은 고객의 이름을 포함하고, 고객의 이전 학습 경험을 언급하여 더 개인적인 느낌을 준다 .

3) 세분화된 마케팅

이메일 리스트를 세분화하여 각 세그먼트에 맞는 맞춤형 메시지를 보내는 것을 권장한다. 예를 들어 최근 구매한 고객에게는 추가 제품을 홍보하고, 이메일을 자주 열어보는 고객에게는 감사 인사와 함께 새로운 제품을 소개하는 것이 효과적이다. 이를 통해 캠페인의 참여율과 전환율을 크게 높일 수 있다 .

구체적으로, 새로운 제품을 출시할 때, 세분화된 리스트를 사용하여 다양한 고객 그룹에 맞춤형 메시지를 보낸다. 최근 구매한 고객에게는 해당 제품과 관련된 액세서리나 추가 기능을 소개하고, 이메일을 자주 열어보는 고객에게는 출시 이벤트 초대장을 보내어 특별한 혜택을 제공한다. 이전에 구매한 적이 없는 잠재 고객에게는 제품의 기본 정보를 제공하고, 제품의 이점을 강조하는 이메일을 보낸다. 이러한 세분화된 접근 방식은 각 고객 그룹의 요구에 맞춘 맞춤형 메시지를 제공함으로써 더 높은 참여율과 전환율을 이끌어낸다.

또한, 특정 제품을 구매한 고객에게 추가 제품이나 관련 액세서리를 추천하는 이메일을 보낸다. 예를 들어 최근에 그의 온라인 코스를 수강한 고객에게는 추가 코스나 관련 자료를 할인된 가격에 제공하는 맞춤형 오퍼를 보낸다. 이러한 개인화된 오퍼는 고객의 관심을 끌고, 추가 구매를 유도하는 데 효과적이다 .

고객의 행동 데이터를 분석하여 맞춤형 콘텐츠를 제공해야 한다. 예를 들어 당신의 이메일을 자주 열어보는 고객에게는 새로운 블로그 포스트나 유용한 정보를 포함한 이메일을 보내어 지속적인 관심을 유지한다. 반면 이메일을 자주 열어보지 않는 고객에게는 더 강력한 행동 유도를 포함한 메시지를 보내어 참여를 유도한다. 이를 통해 각 고객의 행동 패턴에 맞춘 개인화된 경험을 제공할 수 있다.

＊ ＊ ＊ ＊ ＊

그 외에는 고객의 구매 이력과 선호도를 기반으로 맞춤형 추천을 제공할 수 있다. 예를 들어 특정 제품을 반복적으로 구매한 고객에게는 해당 제품의 새로운 버전이나 업그레이드를 추천한다. 특정 카테고리의 제품을 자주 구매한 고객에게는 해당 카테고리의 새로운 제품을 소개하는 이메일을 보내라. 이러한 맞춤형 추천은 고객이 필요한 정보를 적시에 제공받아 더 나은 구매 결정을 내릴 수 있도록 도와준다.

결론적으로, 개인화 마케팅 전략은 고객의 행동과 요구를 이해하고, 이를 바탕으로 맞춤형 경험을 제공하는 데 중점을 둔다. 이를 통해 고객과의 신뢰를 구축하고, 높은 참여율과 전환율을 달성할 수 있다. 이런 전략은 다양한 구체적인 사례와 함께 적용될 수 있으며, 이를 통해 효과적인 마케팅 캠페인을 운영할 수 있을 것이다 .

부록

인스타그램의
다양한 기능과 사용법

― 박가원 ―

평범한 직장생활을 하다 현재는 결혼하여 주부로서 가정생활을 하고 있다. 인스타그램은 오래전에 접하게 되었고, 처음에는 그 복잡한 기능들이 어렵게 느껴졌다. 인스타그램은 사진과 영상, 일상의 즐거움을 쉽게 기록, 공유할 수 있는 것으로 활용된다.

이 과정에서 인스타그램의 다양한 기능들을 쉽게 풀어낼 수 있을지 고민하고, 그 결과 다른 분들도 인스타그램을 더 쉽고 재미있게 이용할 수 있도록 한다. 또한, 자신의 마케팅을 홍보하는 등 다양한 방식으로 활용할 수 있다. 이 책은 인스타그램을 처음 접하는 분들이나, 기능을 더 잘 활용하고 싶은 분들께 실질적인 도움이 될 것이다.

01

인스타그램
릴스 영상 편집법

* * *

요즘 사람들의 일상에 자리 잡은 것은 '숏폼(Short form, 1분 이내의 짧은 영상)'이라고 해도 과언이 아니다. 유튜브의 숏츠, 인스타그램의 릴스, 틱톡이 자리매김하고 있으며, 최근 네이버에서도 클립이라는 숏폼을 생성하고 있다.

숏폼마다 강점이 있지만, 인스타그램의 릴스가 가장 활용도가 높다. 인스타그램의 릴스를 중심으로 하나씩 소개하겠다.

릴스의 장점은 크게 세 가지이다.

첫째, 전문적인 편집 툴이 아닌 릴스 자체의 편집 기능만으로 편집하여 올린다.

둘째, 15초~30초 정도의 동영상과 이미지를 공유할 수 있으며, 정보를 빠르게 전달한다.

셋째, 짧은 시간에 자신의 제품이나 서비스를 홍보하며 브랜드 이미지를 보여준다.

릴스는 인스타그램의 알고리즘에 의해 선호되는 형식 중 하나다. 알고리즘을 타면 내 제품에 관심 있는 사람들에게 유입하게 된다.

[부록-1] 판매 제품을 소개하는 릴스

[부록-2] 지역 먹거리를 소개하는 릴스

이러한 장점들을 활용하여 인스타그램 릴스를 효과적으로 활용하면, 브랜드 홍보와 마케팅에 새로운 차원을 추가할 수 있다.

먼저 릴스를 편집하는 기본적인 방법부터 알아보자. 각 자료와 설명을 통해서 순서대로 알려주겠다.

1) 릴스로 사용할 영상 불러오기

[부록-3]

• 하단에 ① +, 상단에 ② + 아이콘을 선택한다.

[부록-4] ①을 선택했을 때   [부록-5] ②를 선택했을 때

- 위의 화면이 나오면 '릴스'를 선택한다.
- 원하는 동영상을 선택한다(동영상은 복수 선택이 가능함).
- 밑에 '다음'을 누른다.

여기까지는 릴스에 사용할 영상을 불러오는 단계다.

2) 릴스로 사용할 영상 편집하기

[부록-6] [부록-7]

① 동영상에 맞는 추천 오디오가 뜬다.
② 직접 검색하여 오디오를 추가할 수 있다.
③ 건너뛰기 / 다음을 누르면 동영상 편집 기능으로 넘어간다.

• 부분을 아래로 당기거나 위로 밀어서도 동영상 수정이 가능하다.

[부록-8]

• 동영상 수정 아이콘을 사용해서도 편집 가능하다

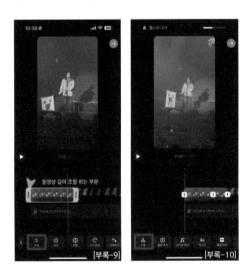

[부록-9]   [부록-10]

• 수정 부분을 눌러 [부록-10] 화면으로 이동한다.

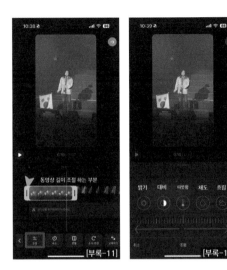

[부록-11]　[부록-12]

- 띄워져 있는 동영상 자체(노란박스)를 눌러서 [부록-12]와 같은 부분으로 바로 이동할 수도 있다

[부록-13]

- **조정:** 동영상의 전체적인 색을 세부적으로 조절하는 아이콘이다.

[부록-14]

[부록-15]

•**속도** : 동영상의 빠르기와 느리기를 조절한다.

[부록-16]

[부록-17]

•**분할:** 하나의 동영상을 두 개 또는 둘 이상으로 나눌 수 있는
기능이다.

[부록-18] [부록-19]

• **색션:** 동영상의 재생 시간을 변경하지 않고, 릴스에 표시할 부분만 조정하는 기능이다.

[부록-20] [부록-21]

• **순서 변경:** 동영상의 차례를 원하는 위치로 옮겨 바꿀 수 있다.

[부록-22]   [부록-23]

- **교체하기:** [부록-22] 같은 화면이 나오면 바꾸고 싶은 동영상을 선택한다

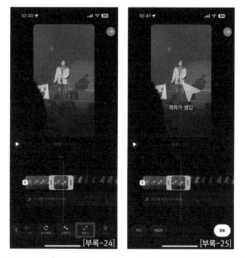

[부록-24]   [부록-25]

- **자르기:** 동영상의 격자(가로세로 줄)가 생기고, 손가락을 이용해서 확대와 축소를 할 수 있다.

인스타그램 마케팅 자동화

•**재설정:** 동영상의 원래 크기로 돌아간다.

[부록-26]

•**삭제:** 지우고 싶은 부분만 선택하여 지울 수 있다.

[부록-27] [부록-28]

•동영상을 분할하거나 처음부터 2개의 동영상이 있으면 가운데

동영상과 동영상 사이에 선이 생긴다.

• 선을 누르면 하나의 동영상에서 다른 동영상으로 화면이 바뀔 때 여러 가지 효과를 줄 수 있는 기능이다.

[부록-29]

[부록-30]

• 바깥 빈 화면을 터치하면 또 다른 기능으로 편집할 수 있는 화면으로 바뀐다.

• 클립 추가를 누른다.

[부록-31]
[부록-32]

- 오디오 추가 또는 동영상 밑에 줄에 오디오 추가를 누른다.
- 추천이 뜬 음악을 사용할 수도 있다.
- 직접 음악을 찾을 수 있다.

[부록-33]
[부록-34]

- 원하는 음악을 검색한 후 ▶를 눌러 미리 들어볼 수 있다.

- 빨간 네모 박스를 누르면, 오른쪽과 같은 화면이 나타난다.

- 다양한 글꼴이 있는 부분을 누르면, 해당 노래의 가사가 '자동'으로 적힌다.

- 흰 박스 부분은 내가 원하는 구간을 설정하는 것으로, 좌우를 밀어가며 재설정할 수 있다.

- 노래 구간을 설정하고, 상단의 '완료'를 누른다.

[부록-35]

- 노래 설정을 완료하면, 동영상 밑의 줄에 자신이 설정한 노래가 '빨간 박스'처럼 나타난다.

- 노래 부분을 누르면, '노란 박스'가 나타나는 데 노래 길이를 조절할 수 있다.

인스타그램 마케팅 자동화

[부록-36]

[부록-37]

[부록-38]

- 텍스트를 누르면 글자를 입력할 수 있는 화면으로 전환된다.
- 밑에 다양한 글꼴을 선택하여 사용한다.
- 텍스트를 입력 후 '완료'를 누르면 '동영상 ➔ 오디오 ➔ 글꼴' 순으로 세 줄이 생긴다.
- 노란 부분으로 텍스트가 화면에 표시되는 길이를 조절할 수 있다.

[부록-39]

[부록-40]

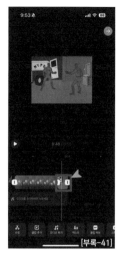
[부록-41]

- GIF를 검색하여 자신이 원하는 짤을 선택한다.
- 동영상의 마지막에 삽입된 것을 볼 수 있다.
- 순서 변경 아이콘을 눌러 동영상과 움짤의 순서도 바꿀 수 있다.

[부록-42]

[부록-43]

인스타그램 마케팅 자동화

- 스티커 아이콘을 누른다.

- 검색을 통해 자신이 사용하고자 하는 스티커를 찾는다.

- 스티커가 생성되면 동영상-오디오가 밑에 스티커 줄이 생성되며, 화면에 표시되어있는 구간을 조절할 수 있다.

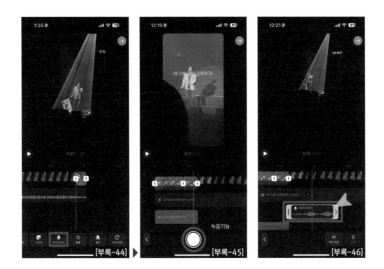

[부록-44] ▶ [부록-45] [부록-46]

- 보이스 오버: 자신의 목소리를 직접 녹음할 수 있다.

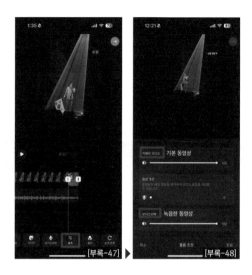

[부록-47] ▶ [부록-48]

- **볼륨:** 오디오의 크기를 조절하는 것이다.
- **카메라 오디오:** 원래 자신이 선택한 동영상의 소리를 높이거나 낮출 수 있다.
- **음성 개선:** 잡음을 낮춰주고 음질을 높여 준다.
- **보이스오버:** 녹음된 자신의 목소리나 그 외 오디오의 소리를 높이거나 낮출 수 있다.

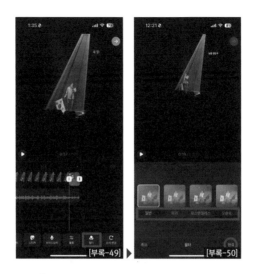

[부록-49] ▶ ◀ [부록-50]

• **필터:** 동영상에 맞는 분위기로 바꾸는 보정법이다.

• 다양한 필터가 있으며 하나씩 적용하면서 동영상의 상황과 배경에
맞게 선택할 수 있다.

3) 릴스로 사용할 영상 올리기

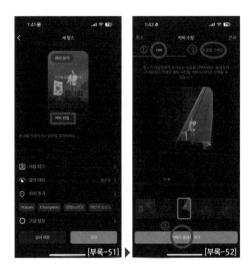

[부록-51] ▶ [부록-52]

- 편집하고 난 뒤 '완료'를 누른다.
- **커버 편집:** 릴스를 올릴 때 가장 먼저 보이는 이미지, 즉 미리보기 사진, 이 동영상의 대표하는 사진을 선택하는 작업이다.

① **커버:** 릴스를 올릴 때의 썸네일로 하단에 파란 박스를 좌우로 밀어가며 자신이 원하는 부분을 선택할 수 있다.

② **프로필 그리드:** 사용자들이 보았을 때 나의 피드 화면을 설정하는 것이다.

③ 사진첩에서 원하는 배경으로 선택할 수도 있다.

[부록-53] ▶ [부록-54]

- **사람 태그:** 태그 추가를 통해서 함께 한 사람을 언급한다.

- 공동 작업차 초대를 통해 언급한 사람의 릴스에도 동시에 업로 드할 수 있다.

- + 모양의 아이콘을 눌러 다른 사람을 언급할 수 있다.

[부록-55] ▶ [부록-56]

- **위치추가:** 릴스 위치를 더하여 장소를 알려준다.
- 검색을 통해 방문, 제품을 파는 장소를 입력하고 선택한다.
- 상단 왼쪽에 있는 비행기 모양이 자동으로 근처 장소를 보여주기도 한다.

[부록-57]

- 사람 태그를 하면 언급한 사람의 아이디가 뜬다.
- 공개 대상은 '팔로워 / 모든 사람 / 친한 사람'으로 나누어 선택할 수 있다.
- 위치는 선택한 장소가 뜬다.
- 공유 버튼을 누르면 업로드가 된다.

　　기본적인 편집기능에 대해서 익숙해졌다면 이번에는 인스타그램의 템플릿을 사용하여 만들어보자. 오히려 템플릿을 사용하는

것이 시간을 단축하며, 퀄리티가 높은 릴스를 제작하는 데 효율
적이다.

(1) 탬플릿을 이용한 릴스 편집하기

- 하단에 ① + 상단에 ② + 아이콘을 선택한다.
- 릴스를 선택한 후 '템플릿'을 선택한다.

[부록-60] ▶ [부록-61]

- 선택하면 위와 같은 화면으로 전환된다.
- 템플릿은 3개로 나뉘어 나오는데 ①회원님을 위한 추천, ②다시 돌려보기, 3③인기 템플릿 중 마케팅에 적합하다고 생각하는 것을 선택한다.

[부록-62] ▶ [부록-63]

- 선택한 템플릿은 빨간 박스처럼 들어갈 미디어의 개수가 뜬다.
- 밑에 적힌 숫자는 미디어가 전환되는 속도를 의미한다.
- 템플릿 수에 맞게 사진이나 동영상을 선택하고 하단을 확인한다.
- 선택한 후 다음을 누른다.

[부록-64] ▶ [부록-65]

- 템플릿에 맞게 자동으로 릴스가 생성된다.
- 확인한 후 다음을 누른다.

[부록-66] ▶ [부록-67]

- 동영상이 자동으로 재생되는 것을 확인한다.
- 동영상을 편집하고 싶다면 하단 왼쪽에 '동영상 수정'을 눌러 앞에 서 익힌 릴스 편집 방법을 활용한다.
- 공유 후 업로드한다.

 다른 사람들이 만들어놓은 템플릿이 아닌 나만을 위한 템플 릿을 만들 수 있을까? 인스타그램은 내가 찍은 카메라에 있는 사 진 또는 게시물을 바탕으로 자동으로 릴스를 생성할 수 있는 기 능이 있다.

(2) 나만을 위한 자동 생성된 릴스 활용하기

[부록-68]

- 하단에 ① + 상단에 ② + 아이콘을 선택한다.

- 릴스를 선택한 후 '회원님을 위해 자동 생성된 릴스'를 선택한다.

[부록-69]

[부록-70]

- 카메라 사진첩 또는 인스타그램 게시물에서 자동으로 사진이나 미디어를 선택하면 템플릿이 생성된다.
- 보기를 누르면 추천해준 음악이 뜬다.
- 다른 음악으로 바꿀 수도 있으며, 음악이 바뀌면서 클립(사진, 동영상)이 트랙에 자동으로 맞추어 조정이 된다.

[부록-71]

[부록-72]

[부록-73]

- 공유 후 업로드한다.
- 업로드하면 하단 왼쪽에 '템플릿 사용'이 뜬다
- 이렇게 생성된 템플릿은 나의 것이고, 다른 사람이 나의 템플릿을 공유하고 사용할 수 있으며, 자연스럽게 제품이나 서비스를 흘릴 수 있게 된다.

(3) 릴스 화질 높여 업로드 설정하기

추가로 릴스로 홍보를 하기 위해서는 화질이 중요하다. 분명 내가 찍은 사진의 화질도 높고 눈으로 보았을 땐 선명했는데, 막상 릴스만 올라가면 화질이 저하되거나 깨지는 경우가 있다.

별도의 설정을 하지 않으면 저화질로 업로드가 되기에 이를 예방하기 위해 미리 릴스의 화질을 높여 업로드하자.

[부록-74] ▶ [부록-75]

- 인스타그램 앱을 연다.
- 상단 위에 있는 세 줄을 선택한다.
- 스크롤을 아래로 내려 '미디어 품질'을 선택한다.

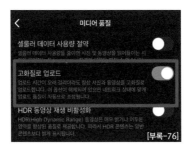

[부록-76]

•고화질로 업로드를 켠다.

[부록-77] ▶ [부록-78]

•릴스 공유 전 단계에서 '고급설정'에서도 화질을 실징해서 올릴
수 있다.

지금까지 보여준 것처럼 릴스는 브랜드와 제품의 이미지를 홍
보하거나 시각적으로 매력적인 메시지를 전달할 수 있는 기능을
갖춘 도구이다.

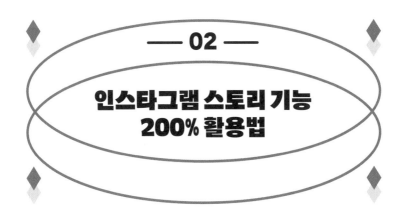

── 02 ──
인스타그램 스토리 기능 200% 활용법

***

인스타그램의 프로필에 '빨간 테두리'가 생성된 것을 본 적이 있을 것이다. 대부분 빨간 테두리를 보면 무의식적으로 눌러보게 되며, '궁금증'을 유발하여 그냥 지나칠 프로필도 한 번 더 보게 된다. 이렇게 우리가 '스토리'를 사용하는 이유는 고객의 '이끎'과 '소통'의 도구가 되기 때문이다.

특히 스토리 기능의 장점은 사진, 동영상을 24시간만 노출하여 계속 자신의 인스타그램을 방문할 수 있도록 한다. 가벼운 일상의 공유를 통해 내적 친밀감을 가져올 수 있다. 개인적인 감정, 현재 실시간 상황을 함께 공유함으로써 관심을 지속해서 가질 수 있다.

이러한 관심을 받은 인스타그램 스토리 기능은 마케팅과 홍보에 다양하게 활용할 수 있다. 스토리를 사용하여 새로운 제품이나 서비스를 소개하고, 간단한 설명과 함께 시각적으로 설명할 수 있다. 또한, 제품의 기능이나 특징을 강조하는 동영상, 이미지를 게시하여 소비자들의 호기심을 가져올 수 있다.

예약 기능, 선착순 프로모션, 할인 안내를 사용하여 스토리 링크를 통해서만 프로모션 코드나 할인 정보를 공유하여 소비자들에게 특별한 혜택을 제공할 수 있으며, 제한된 시간 동안의 프로모션, 또는 세일 정보의 스토리를 통해 전달하여 긴급한 구매 욕구를 유도할 수 있다.

또 다른 기능 중 하나는 '질문 기능'을 통해 소비자들의 의견을 묻거나 설문 조사로 투표를 진행하여 소비자들의 참여를 이끌수 있다. 이는 브랜드와 소비자 간의 상호작용을 증진하고, 소비자들의 의견을 반영할 수 있게 한다.

이런 점에서 볼 때 스토리의 기능을 잘 알고 사용한다면, 효율적인 상품의 홍보와 마케팅 전략으로 사용할 수 있을 것이다.

이번 챕터에서는 인스타그램 스토리를 올리는 가장 기본적인 방법에 대해서 알아보자.

1) 스토리 올리는 방법

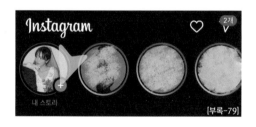

[부록-79]

- 인스타그램 앱을 켠다.
- 상단 좌측의 메인 프로필 밑에 '내 스토리' 파란색의 '+'를 누른다.

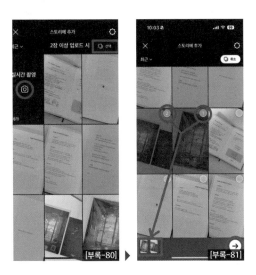

[부록-80] ▶ [부록-81]

- 카메라 아이콘은 실시간 촬영하여 올릴 수 있다.
- 사진이나 동영상을 선택한다.
- 선택한 미디어는 하단에 표지된다.
- 오른쪽 하단에 '➜'를 누른다.

[부록-82] ▶ [부록-83]

- 미디어의 화면을 확인한 후 '➜' 누른다.
- '내 스토리' 체크를 확인 후 '공유' 누른다.

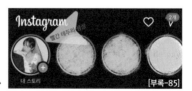

[부록-84] ▶ [부록-85]

인스타그램 마케팅 자동화

- 기타 공유 대상 화면이 뜨면 자신이 원하는 사람들에게 따로 스토리를 공유할 수 있다.
- '완료' 누른다.
- 화면이 전환되며 자신의 인스타그램 프로필 화면에 '빨간 테두리'가 생성된 것을 볼 수 있다.

2) 스토리 링크 기능 활용하기

[부록-86]

[부록-87]

- 인스타그램 스토리 공유할 사진을 선택한 후 상단에 '스티커' 아이콘을 선택한다.
- 다양한 기능 중 '링크'를 선택한다.

[부록-88] ▶ [부록-89]

- 공유하고자 하는 링크를 입력한다.

- 상단에 '완료'를 누른다.

[부록-90]

- 생성된 링크를 누르면 다양한 색으로 전환된다.
- '➜' 누르고 공유 및 완료를 한다.

[부록-91] ▶ [부록-92] [부록-93]

- '스티커 텍스트'란에는 상품의 이름이나 마케팅 하고자 하는 특성을 적어주면, 직관적으로 어떤 상품을 보여주고자 하는지 쉽게 알 수 있게 된다.

3) 스토리 질문 기능 활용하기

[부록-94] ▶

[부록-95]

- 인스타그램 스토리 공유할 사진을 선택한 후 상단에 '스티커' 아이콘을 선택한다.
- 다양한 기능 중 '질문'을 선택한다.

[부록-96] ▶

[부록-97]

- '무엇이든 물어보세요!'를 다른 내용의 질문으로 변경할 수 있다.
- '→' 누르고 공유 및 완료를 한다.

4) 스토리 설문 기능 활용하기

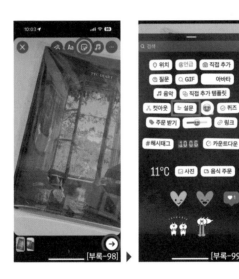

[부록-98] ▶ [부록-99]

- 인스타그램 스토리 공유할 사진을 선택한 후 상단에 '스티커' 아이콘을 선택한다.
- 다양한 기능 중 '설문'을 선택한다.

[부록-100] ▶ [부록-101]

- '질문을 입력하세요!'를 원하는 질문 내용으로 변경할 수 있다.
- '→' 누르고 공유 및 완료를 한다.

5) 스토리 카운트다운 기능 활용하기

카운트다운 기능을 사용하면 사용자들은 특정 이벤트나 상품에 대한 기간을 카운트다운으로 볼 수 있다. 다른 사용자들은 카운트다운이 끝날 때까지 스토리를 볼 때마다 남은 시간을 확인할 수 있다. 카운트다운의 스토리를 누르면 알람을 받을 수도 있다.

이를 통해 고객 입장에서는 관심 있는 상품을 미리 알람 받을 수 있어 잊어버리지 않고 인스타그램을 재방문하여 상품을 결제하게 된다.

[부록-102]

[부록-103]

- '오픈 알람받기' 위의 카운트다운을 누르면 '카운트다운 공유'라고 뜬다.
- 미리 알람을 받을 수도 있다.

[부록-104]

[부록-105]

- 인스타그램 스토리에 공유할 사진을 선택한 후 상단에 '스티커' 아이콘을 선택한다.
- 다양한 기능 중 '카운트다운'을 선택한다.

[부록-106]

▶

[부록-107]

- '카운트다운 이름'에 판매할 상품이나 원하는 내용을 적는다.
- 하단의 종료 날짜를 선택하면 자동으로 카운트다운(시간, 분, 초)이 실행된다.

[부록-108]　　▶　　[부록-109]

- 중앙에 색깔 아이콘을 누르면 자동으로 색깔이 전환된다.
- 상단에 '완료'를 선택한 후 '공유'한다.

6) 게시글 스토리 추가 기능 활용하기

간혹 게시물을 스토리에 추가하여 공유하는 경우도 있다. 인스타그램 스토리는 피드보다 더 많은 노출을 받기 때문에 스토리에 게시물을 추가하면 더 많은 사용가 해당 게시물을 볼 수 있게 된다. 이는 브랜드나 제품에 대한 더 많은 노출을 의미하며, 더 많은 관심과 상호 작용을 유도할 수 있다.

스토리를 보고 게시물로 넘어가 게시물에 대한 '좋아요'나 '댓글'을 남길 수 있다. 스토리나 게시물 따로 올리는 것이 아니라 이미 작성된 게시물을 스토리에 공유함으로써 새로운 콘텐츠를 계속해서 생산하거나 게시하는 데 필요한 노력과 시간을 줄일 수 있게 된다.

[부록-110] ▶ [부록-111]

[부록-112] ▶ [부록-113]

•**사진:** 게시글을 스토리에 추가하여 '게시물 보기', '전체 릴스 보기'를 통하여 인스타그램을 방문을 유입한다.

[부록-114] ▶ [부록-115]

- 인스타그램의 앱에 들어가 홍보하고자 하는 사진을 선택한다.
- 하단에 비행기 모양을 선택한다.

[부록-116]

- '스토리 추가'를 선택한다.

[부록-117] ▶ [부록-118]

• 게시물이 스토리로 전환된다.

• 게시물 화면을 한 번 누르면 변형된 화면으로 전환된다.

[부록-119] ▶ [부록-120]

• '➜' 누르고 공유 및 완료 후 '내 스토리'에 뜬다.

인스타그램 마케팅 자동화

7) 스토리 하이라이트 기능 활용하기

인스타그램의 하이라이트 기능은 프로필에 주요 콘텐츠를 강조하여 꾸밀 수 있다. 고객의 입장에서 한눈에 상품을 들여다볼 수 있고 자신의 브랜드 아이덴티티를 강화하여 사용자들에게 신뢰감을 줄 수 있게 된다.

또한, 하이라이트에 저장된 콘텐츠는 사라지지 않고 영구적으로 프로필에 남아 있어 상품 주문, 활용 방법, 리뷰, Q&A 등을 통해 정보에 대한 접근성이 더욱 높아질 수 있게 된다.

[부록-121] [부록-122]

•**사진:** 하이라이트 기능을 활용하여 카테고리별로 묶어놓아 접근성을 용이하게 만든다.

[부록-123]

[부록-124]

•**사진:** 하이라이트 기능에 '주문서'를 등록해놓고 주문시 별도로 링크를 검색해야 하는 번거로움을 없앤다.

[부록-125]

[부록-126]

- 자신이 올린 스토리를 들어간다.
- 하단에 있는 '하이라이트'를 선택한다.
- '내용적기' 부분에 상품의 리뷰, 주문, 활용방법 등 자신이 원하는 내용을 적는다.

[부록-127]

[부록-128]

- 하이라이트 내용을 적고 추가를 선택한다.
- '프로필에서 보기'를 누른다.

•프로필 화면에 하이라이트가 생성된 것을 볼 수 있다.

[부록-129]

이렇게 하면 인스타그램 하이라이트를 만들고, 선택한 스토리를 해당 하이라이트에 계속 추가할 수 있다. 프로필에 뜬 하이라이트의 배경을 변경하고 싶다면, 다음과 같이 하면 된다.

[부록-130] ▶ [부록-131]

• 다시 스토리에 들어가 하단 오른쪽에 있는 점 3개를 선택한다.

• 하이라이트 수정을 선택한다.

[부록-132] ▶ [부록-133]

• 커버 수정을 선택하고, 사진첩에서 자신이 원하는 사진을 선택한다.

[부록-134] ▶ [부록-135]

• 원하는 커버로 수정된 것을 확인할 수 있다.

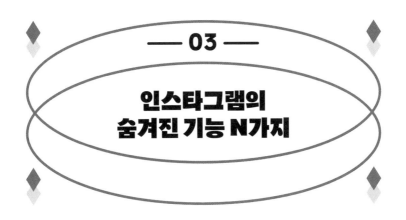

— 03 —

인스타그램의 숨겨진 기능 N가지

＊＊＊

인스타그램의 계정은 '개인 계정'과 '프로페셔널' 계정 두 가지로 나뉜다. 우리가 프로페셔널 계정으로 전환해야 하는 이유는 통계 및 분석 도구 활용으로 사용할 수 있어서다. 이를 통해 게시물의 조회 수, 상호작용 수, 팔로워의 특성 등을 분석하여 고객들을 파악하고 효과적인 마케팅 전략을 수립할 수 있다.

프로페셔널 계정으로 전환하면 인스타그램 광고를 활용할 수 있다. 또한, 광고를 통해 더 넓은 범위의 사용자들에게 콘텐츠를 노출시키고 브랜드 인지도를 높일 수 있다.

(1) 개인 계정을 프로페셔널 계정으로 전환하자

대중적으로 잘 알려져 있긴 하다. 두 계정은 개인 계정에서 프로페셔널 계정으로 바꾸었다가 다시 개인 계정으로도 바꿀 수 있다. 그러니 부담가질 필요가 없다. 프로페셔널 계정은 다음 순서대로 하면 전환할 수 있다.

① **인스타그램을 켠다.**

② **프로필 편집을 누른다.**

③ **프로페셔널 계정 전환을 누른다.**

④ **숙지해야 할 내용이 뜬다. (3가지)**

⑤ **카테고리를 선택한다. 하나만 선택할 수 있으므로 신중하게 고른다.**

⑥ **크리에이터 vs 비즈니스 둘 중에 자신의 목적과 적합한 것을 선**
택한다.

(크리에이터: 유튜버, 동영상 제작과 관련됨)

(비지니스: 판매, 상업적으로 관련됨)

⑦ **5단계를 거친다.**

⑧ **완료가 되면 프로필에 프로페셔널 대시보드가 뜬다.**

(2) 팔로워 시간대를 찾아보자.

인스타그램 팔로워의 시간대를 파악하는 것은 팔로워들이 활발하게 활동하는 시간을 알아내고 콘텐츠를 최적의 시간에 올리는 데 도움 된다. 일반적으로 인스타그램에서 가장 활발한 시간대는 점심(12시~1시 사이), 저녁(6시-9시), 주말이라고 알고 있다. 하지만 각각의 계정들은 개인차가 존재하며, 이를 어느 정도 파악하려면 자신의 팔로워들의 시간대를 알고 업로드하는 것이 효율적이다.

인스타그램 마케팅 자동화

[부록-136] ▶ [부록-137]

• 프로페셔널 대시보드를 누른다.

• 총 팔로워를 누른다.

[부록-138] ▶ [부록-139]

• 가장 활동이 많은 시간이 나타난다.

• 시간 또는 일 단위로 볼 수 있으며, 파란 그래프를 터치하면 숫

자가 뜬다.

'총 팔로워'를 들어가게 되면 나의 팔로우 증가량과 감소량을 알 수 있으며, 어떤 도시와 국가에서 주로 노출이 되는지, 또 연령대와 성별을 파악할 수 있게 된다. 이렇게 팔로워의 특성을 분석하고, 이를 기반으로 적절한 콘텐츠를 제공함으로써 브랜드의 인지도를 높이고, 효율적인 마케팅 및 홍보를 진행할 수 있다.

(3) 릴스 예약 기능을 이용하자.

인스타그램은 일관성 있는 꾸준한 업로드를 통해 성장하게 된다. 릴스 예약 기능을 활용하여 미리 콘텐츠를 만들고 규칙적으로 올려보자.

릴스의 업로드 단계까지 간 후 아래 순서를 따르면 된다.

① 밑으로 스크롤 하여 고급설정을 누른다.

② 이 릴스 예약을 켠다.

③ 날짜와 시간을 선택한다.

④ 예약 버튼을 누른다.

다음은 예약된 릴스를 보는 방법이다.

① 인스타그램의 상단 우측 부분에 있는 줄 3개를 누른다.

② 예약된 콘텐츠를 누른다.

③ 릴스를 확인한다.

④ 릴스를 시간 변경하고 싶다면 우측 점 3개를 누른다.

인스타그램 마케팅 자동화

⑤ '삭제/일정 변경/지금 공유하기' 항목이 있다.

⑥ 릴스 내용이나 문구를 변경하고 싶다면, 릴스를 누른다.

⑦ 미리보기 화면에서 상단 우측에 있는 점 3개를 누른다.

⑧ 릴스 수정을 누른다.

⑨ 문구 입력과 사람 태그, 위치추가만을 수정할 수 있다.

(4) 릴스 인기 상승 오디오를 사용하자.

어느 정도 릴스에 사용된 오디오를 활용하는 것이 조회 수 상승에 도움이 된다.

① 프로페셔널 대시보드로 들어간다.

② 밑에 '인기 상승 오디오'를 누른다. (상업용 오디오)

③ 50개의 노래가 나오며 책갈피를 눌러 저장하여 게시물을 올릴 때 사용하면 된다.

(5) 즐겨찾기를 활용하자.

여러 계정을 모으다 보면, 내가 관심 있어 하는 계정을 일일이 찾는 번거로움이 발생하게 된다. 하지만 즐겨찾기 기능을 활용하면 자신과 유사한 인기 상품이나 서비스의 아이디어를 모델링할 수 있으며, 콘텐츠의 변화나 유행에 대한 민감도를 파악하여 자신의 마케팅에 활용할 수 있다.

[부록-140]

- 상단 왼쪽에 있는 '인스타그램' 로고를 선택한다.
- '즐겨차기★'를 선택한다.

[부록-141]

- 상단 우측에 있는 3줄을 선택한다.

[부록-142]

• 아래의 추천에 있는 '계정추가'를 선택한다.

• 상단 오른쪽에 있는 '+'를 선택하여 추가할 수 있다.

[부록-143]

[부록-144]

• 직접 해당 게시물 상단의 오른쪽에 있는 점 3개를 선택해서 즐
  겨찾기를 할 수도 있다.

> "매우 똑똑한 사람들이 AI를 간과하는 이유에 대해 제가 평가한
> 바는, 매우 똑똑한 사람들은 컴퓨터가 자신만큼 똑똑할 수 없다고
> 생각한다는 것입니다. 그러나 이것은 오만이며, 명백히 거짓입니다.
> 생물학적 지능의 비율은 매달 점점 낮아지고 있습니다. 결국 생물학
> 적 지능의 비율은 1% 미만이 될 것입니다. 생물학적 지능은 지능의
> 완충 역할을 할 수 있으나 거의 모든 지능이 디지털화될 것입니다"
>
> _일론 머스크(Elon Musk)

일론 머스크는 인공지능의 발전이 인간지능(생물학적 지능)을
크게 초월할 것임을 자주 언급했다. 그는 2026년 말까지 AI가 인
간보다 더 똑똑해질 것이며, 이런 AI에 인간이 맞서기 위해 뇌-컴
퓨터 인터페이스 기술을 개발해야 한다고 주장했다. 그럼 이게 정
말 가능한 일인가? 충분히 가능하다. 아직 AI의 많은 단점이 있지
만, 곧 모든 지능 영역을 지배하게 될 것이 틀림없다.

AI 시스템의 발전은 막대한 전략과 하드웨어 자원을 필요로
하기에 그 발전 과정에 정체 구간을 맞이할 수 있다. 게다가 하루
아침에 갑자기 일어나는 변화는 더욱 아니다. 하지만 그 변화의
시기가 멀리 있지 않다는 건 확실하다. 근미래에 인간지능은 디지

털화될 것이며, 인공지능이 더 많은 영역에서 인간의 역할을 대체하게 되면 인간은 자신의 사고능력보다 AI에 의존하게 될 가능성이 크다.

다시 말해 인간이 스스로 깊이 사고하고 판단하는 능력을 사용하는 빈도가 줄어드는 것이다. 이에 따라서 비판적 사고는 당연히 감소되고, 창의성과 직관은 약화된다. 이런 흐름의 변화는 인간의 정체성에 대한 본질적인 변화와 인문학·철학적 문제를 제기하여 '인간이란 무엇인가'에 대한 근본적인 질문을 던지게 한다.

그렇다면 이런 시대에는 어떤 사람이 살아남게 될까? 우리가 살고 있는 시대는 AI와 다양한 기술의 급속한 발전으로 인해 전에 없던 방식으로 일자리의 지형을 변화시키고 있다. 이 변화의 가장 큰 특징 중 하나는 기계와 알고리즘이 인간의 노동을 대체하는 속도가 빠르게 증가하고 있다는 것이다. 이러한 상황 속에서 인간은 어떻게 적응하고 살아남아야 할까?

AI는 효율성과 반복성이 요구되는 작업에서 인간보다 월등한 능력을 발휘한다. 데이터 관리, 계산, 그리고 일정 수준의 창의적 작업까지 AI는 빠르고 정확하게 처리할 수 있다. 그러나 AI는 아직 인간의 고유한 창의성이나 복잡한 문제 해결 능력, 전략적 사고를 완벽하게 대체하지 못하고 있다. '아직까지'는 말이다.

인간의 진정한 가치는 새로운 아이디어를 창출하고, 복잡한 문제에 대해 깊이 있고 전체적인 관점에서 접근하는 능력에서 발현된다. 예를 들어 기업의 최고경영자(CEO)나 창작 분야의 디렉터는 조직의 비전을 설정하고, 전략적 의사결정을 내려야 하는 위치에 있다.

「워런버핏은 일과 중에 가장 많이 하는 것이 '읽는 것'이다. 그는 버크셔 해서웨이를 운영하면서 밀려드는 수많은 정보를 어떻게 효과적으로 처리하고 익히는지 질문받았다. 이에 답하기를 하루 5~6시간을 오로지 읽고, 또 읽는다고 한다. 일간지, 다양한 잡지, 투자 공시, 연간 보고서, 문서, 유명한 인물의 자서전 읽기를 즐긴다고 말했다.

여기서 흥미로운 점은 그는 (70여 개의 자회사를 운영하고) 70여 명의 CEO가 33만 명의 직원을 관리하는데, 그 70명에게만 제대로 메시지를 전달한다. 2년마다 한 장 반 분량의 편지를 남기는데, 그 이유는 방대한 분량의 매뉴얼을 내놓으면 오히려 혼란만 가중되기 때문이다. 즉 간결하고 명확한 편지로 오해의 소지를 없애는 것이다.

그가 이토록 읽기를 강조하는 이유는 세상에 수많은 소음 속에서도 항상 본질을 관통하는 생각을 하기 위함이다. 무엇이 중요하고 덜 중요한지 과감히 선택하려 매일 고민하는 것이다.」

_《1퍼센트 성공의 법칙》 중에서

문화, 예술, 철학과 같이 인간의 감정과 가치관이 깊이 관련된 분야에서 인간의 역할은 더욱 중요하다. AI가 이러한 영역에서 일정 부분 도움을 줄 수는 있지만, 이 분야의 깊은 가치와 방향을 설정하는 것은 여전히 인간에게 의존하고 있다. 예를 들어 소설가나 극작가는 인간 경험의 복잡성을 작품에 담아내며, 이러한 작품들은 사회적, 윤리적 문제에 대한 통찰을 제공한다.

마케팅 자동화는 미래의 직업 시장에서 인간의 역할을 재정의하는 그 변화의 시발점 중 하나다. AI와 협력하면서도 인간다운 삶을 이어갈 수 있는 기반을 마련하는 일이다. 따라서 대혼란의 AI 시대에 살아남기 위해서 우리는 모두 전략적 사고와 창의력을 계속해서 개발하고, 이를 통해 기술과 협력하는 방식을 찾아야 한다.

인간만이 할 수 있는 창의적인 문제 해결, 복잡한 의사결정, 그리고 전략적 사고는 AI가 단순히 대체할 수 없는 영역이다. 무엇보다 인간이라는 존재 자체가 이 시대의 혜택을 받는 셈이다. 기술은 말 그대로 도구에 지나지 않는다. 그 도구를 현명하게 이용하는 당신이 '타이탄'이 되길 진심으로 바란다.

손힘찬(오가타 마리토) 작가

인스타그램 마케팅 자동화

손힘찬(오가타 마리토), 노희석, 장현수
황준연, 임형순, 이홍규, 박가원 지음

초판 1쇄 인쇄 2024년 7월 23일
초판 1쇄 발행 2024년 7월 31일

발행처 비책
이메일 syc1025@naver.com

값 21,000원

ISBN 979-11-988051-0-2 13320